U0743037

普通高等教育"十二五"高职高专规划教材

道路工程测量实践教程

主编 宁永香
参编 焦希颖 崔建国

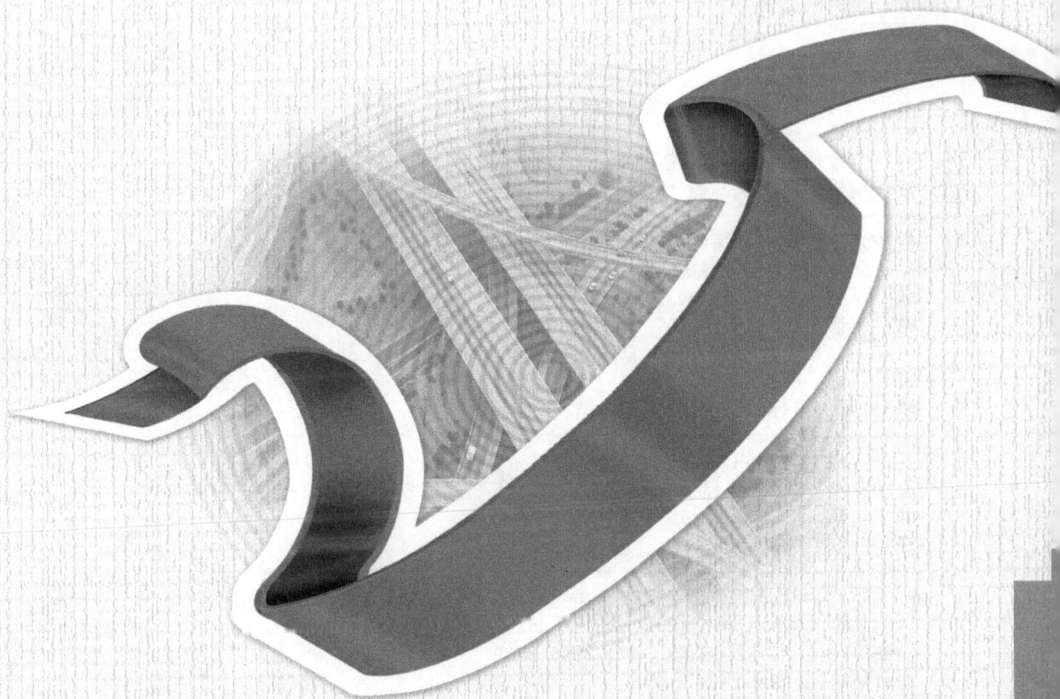

西安交通大学出版社
XI'AN JIAOTONG UNIVERSITY PRESS

内容简介

本书是与《道路工程测量》相配套的测量实训教材,内容包括道路工程测量课程的习题课指导、基本测量实验指导、专业测量实验指导和综合测量实训指导。本书与《道路工程测量》教材相结合,可着重用于对学生工程测量的外业操作技能和内业计算能力进行全面训练。

本书适用于高职高专院校、高等专科学校、职工大学等院校的道桥工程技术、市政工程技术、交通工程技术、工程管理、环境工程、暖通工程等专业,也可作为给水排水等专业的教材,还可作为广大工程技术人员的参考书。

图书在版编目(CIP)数据

道路工程测量实践教程/宁永香主编. —西安:西安
交通大学出版社,2014.10(2020.8 重印)
 ISBN 978-7-5605-6768-6

Ⅰ.①道… Ⅱ.①宁… Ⅲ.①道路测量-高等职业教育-教材 Ⅳ. ①U412.24

中国版本图书馆 CIP 数据核字(2014)第 213021 号

书　　名	道路工程测量实践教程
主　　编	宁永香
参　　编	焦希颖　崔建国
责任编辑	毛　帆　杨　璠
出版发行	西安交通大学出版社
	(西安市兴庆南路1号　邮政编码710048)
网　　址	http://www.xjtupress.com
电　　话	(029)82668357　82667874(发行中心)
	(029)82668315(总编办)
传　　真	(029)82668280
印　　刷	西安日报社印务中心
开　　本	787mm×1 092mm　1/16　印张 8　字数 191 千字
版次印次	2015 年 1 月第 1 版　2020 年 8 月第 6 次印刷
书　　号	ISBN 978-7-5605-6768-6
定　　价	23.80元

读者购书、书店添货,如发现印装质量问题,请与本社发行中心联系、调换。
订购热线:(029)82665248　(029)82665249
投稿热线:(029)82668818　QQ:354528639
读者信箱:lg_book@163.com

近年来,在《国务院关于大力发展职业教育的决定》精神指引下,我国高等职业教育得到了飞速发展,以学生为中心、职业为导向、技能为核心的高职教育理念大大提升了高职院校的办学水平。为了适应这一高等教育发展的新形势,依据高职高专道路工程测量实训课程教学大纲的要求,结合几十年来教学、测绘生产实践经验,我们编写了《道路工程测量实践教程》。本书是与《道路工程测量》相配套的实训教材。

本书共包括四部分,第一部分为习题课指导,内容包括水准测量、导线测量、地形图的应用、场地平整设计及土方量计算、圆曲线测设的坐标计算、竖曲线测设的高程计算等 6 项习题课;第二部分为基本测量实验指导,涵盖了经纬仪、水准仪、全站仪的认识使用和检校、水准测量、角度测量、坐标测量和测图等 16 项实验;第三部分为专业测量实验指导,主要包括坐标、高程、坡度线的测设、中平测量、曲线测设和道路横断面测量等 7 项实验内容;第四部分为综合测量实训指导,包括普通测量实训指导、道路工程测量实训指导、数字化成图实训指导。每部分的项目按照常用授课顺序编排,对每个实验实训项目的目的、器具、内容、步骤等都做了简易描述,以方便学生实际操作;每个实验实训项目都附有相应的数据记录表、成果计算表和实训报告表,以方便学生记录。

本书由山西工程技术学院宁永香担任主编并负责全书统稿,由宁永香、焦希颖和崔建国编写。其中,第一部分、第二部分和第四部分的实训二、实训三由宁永香编写;第四部分的实训一由焦希颖编写;第三部分由崔建国编写。

本书在编写过程中,得到许多朋友及同行的热心帮助,在此表示衷心的感谢! 对本书和引用的有关文献资料的作者也表示诚挚的感谢!

在本书编写过程中,虽然编者做了很大努力,但书中仍可能有不妥之处,恳请广大读者予以批评指正。

编 者

2014 年 4 月

道路工程测量实践教程 **目录**
CONTENTS

第一部分　测量习题课指导

习题课一　水准测量内业计算　/001

习题课二　导线测量内业计算　/003

习题课三　地形图应用　/006

习题课四　方格网法进行场地平整设计及土方量计算　/009

习题课五　圆曲线测设的坐标计算　/011

习题课六　竖曲线测设的高程计算　/013

第二部分　基础测量实验指导

测量实验须知　/015

实验一　DS$_3$型微倾式水准仪的认识和使用　/017

实验二　普通水准测量　/022

实验三　微倾式水准仪的检验与校正　/026

实验四　数字水准仪的认识和使用　/030

实验五　DJ$_6$型光学经纬仪的认识与使用　/034

实验六　测回法观测水平角　/038

实验七　全圆观测法观测水平角　/042

实验八　竖直角测量和竖盘指标差测定　/046

实验九　光学经纬仪的检验与校正　/050

实验十　DJ$_2$型光学经纬仪的认识与使用　/053

实验十一　全站仪角度、距离和高差测量　/056

实验十二　全站仪坐标测量　/060

实验十三　四等水准测量　/064

实验十四　三角高程测量　/068

实验十五　经纬仪测绘法测图　/071

实验十六　数字地形图测绘　/075

第三部分　专业测量实验指导

实验一　点的平面位置测设　/078

实验二　已知高程的测设　/081

实验三　已知坡度线的测设　/084

实验四　全站仪放样测量　/086

实验五　中平测量　/089

实验六　圆曲线测设　/093

实验七　道路横断面测量　/097

第四部分　测量综合实训指导

实训一　普通测量实训指导　/101

实训二　道路工程测量实训指导　/110

实训三　数字化成图实训指导　/116

参考文献

第一部分 测量习题课指导

CETIANGXITIKEZHIDAO

习题课一　水准测量内业计算

一、目的

熟练掌握单一水准测量的内业计算。

二、题目

一闭合水准路线如图 1-1 所示,水准点 BMA 的已知高程为 $H_A = 89.763$ m,各测段高差和测站数如图 1-1 所示,试在表 1-1 内进行高差闭合差的调整和所有未知点高程的计算。

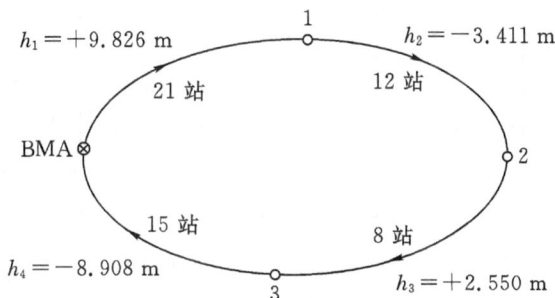

图 1-1　闭合水准路线计算

三、安排时数

课内 1 学时。

四、计算步骤

(1)将已知数据和观测数据填入表 1-1。
(2)计算高差闭合差和高差容许闭合差,填入辅助计算栏。

$$f_h = \sum h \tag{1-1}$$

$$f_{h容} = \pm 12\sqrt{n} \text{ mm} \tag{1-2}$$

(3)高差闭合差的调整。当实际的高差闭合差小于其容许值时,可把闭合差分配到各测段的高差上,即将闭合差以相反的符号按与测站数成正比计算各测段的高差改正数,填入表 1-1 第 4 栏。各测段高差的改正数为

$$v_i = -\frac{f_{\mathrm{h}}}{\sum n} \cdot n_i \tag{1-3}$$

(4)计算改正后的高差。将测段实测高差与高差改正数相加即得该测段改正后的高差,填入表 1-1 第 5 栏。

(5)计算各未知点的高程。由 H_A 开始,逐一计算各未知点的高程,填入表 1-1 第 6 栏。

表 1-1 水准测量内业计算表

点号	距离/km /测站数	实测高差 /m	改正数 /mm	改正后高差 /m	高程 /m	备注
1	2	3	4	5	6	7
BMA						
1						
2						$f_{\mathrm{h容}} = \pm 12\sqrt{n}$ mm 其中 n 为测站数 $H_A = 89.763$ m
3						
BMA						
$\sum$						
辅助计算	$f_{\mathrm{h}} =$;			$f_{\mathrm{h容}} =$		

五、注意事项

(1)本题已知各测段的测站数,说明水准测量在丘陵地区进行,将测站数填入表 1-1 第 2 栏。若在平坦地区进行附合水准测量,则应将各测段的距离填入第 2 栏,高差闭合差和高差容许闭合差计算公式应改为

$$f_{\mathrm{h}} = \sum h_{测} - (H_{终} - H_{始}) \tag{1-4}$$

$$f_{\mathrm{h容}} = \pm 40\sqrt{L} \text{ mm} \tag{1-5}$$

(2)第 4 栏最后一行算得的高差改正数之和应与高差闭合差绝对值相等,符号相反。如果由于高差闭合差调整计算中的凑整误差使改正数之和与闭合差的绝对值不完全相等而出现小的差数,可将其差数凑到某测段的改正数中,从而使改正数之和与闭合差绝对值完全

相等。

（3）第 6 栏应计算出 BMA 点的高程，且与已知高程值比较，二者应该完全相等。

（4）附合水准路线的计算方法和步骤与闭合水准路线基本相同，但其高差闭合差的计算有所不同。

（5）本题未知点高程正确答案为 $H_1 = 99.567$ m，$H_2 = 96.144$ m，$H_3 = 98.686$ m。

习题课二　导线测量内业计算

一、目的

掌握导线测量的内业计算。

二、题目

图 1-2 所示为单一附合导线，A、B、C、D 为已知点，已知数据有始点 B 与终点 C 的坐标；始边与终边的方位角 α_{AB}、α_{CD}：

$$x_B = +640.931 \text{ m} \qquad x_C = +589.974 \text{ m}$$
$$y_B = +1\,068.444 \text{ m} \qquad y_C = +1\,307.872 \text{ m}$$
$$\alpha_{AB} = 224°03'00'' \qquad \alpha_{CD} = 24°09'00''$$

各转角和各边长 D 分别列于表 1-2 第 2 栏和第 5 栏。试在表 1-2 中计算未知点的坐标。

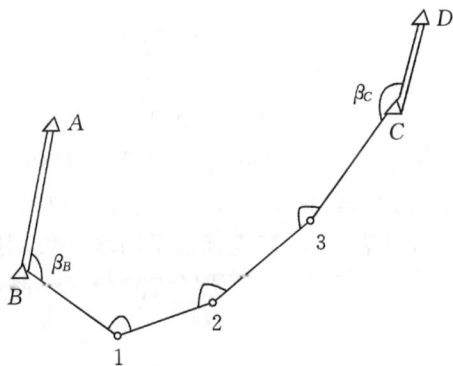

图 1-2　附合导线计算

三、安排时数

课内 2 学时。

四、计算步骤

(1)将已知数据和观测数据填入表 1-2。

(2)计算角度闭合差和角度容许闭合差,填入辅助计算栏。

$$f_\beta = \alpha_{AB} + \Sigma\beta + n \times 180° - \alpha_{CD} \qquad (1-6)$$

$$f_{\beta容} = \pm 60''\sqrt{n} \qquad (1-7)$$

(3)角度闭合差的调整。若角度闭合差小于其容许值,计算各角改正数:

$$v_\beta = -\frac{f_\beta}{n} \qquad (1-8)$$

即将角度闭合差 f_β 以相反的符号平均分配到各观测角中,使改正后的角度之和等于理论值。

(4)计算各边坐标方位角,填入表 1-2 第 4 栏,其公式为

$$\left. \begin{array}{l} \alpha_{前} = \alpha_{后} + 180° + \beta_{左} \\ \alpha_{前} = \alpha_{后} + 180° - \beta_{右} \end{array} \right\} \qquad (1-9)$$

计算中,如果 $\alpha_{前} > 360°$,应减去 360°;如果 $\alpha_{前} < 0°$,则加上 360°。

(5)计算各边纵横坐标增量,填入第 6、8 栏,其公式为

$$\left. \begin{array}{l} \Delta x = D\cos\alpha \\ \Delta y = D\sin\alpha \end{array} \right\} \qquad (1-10)$$

(6)计算该附合导线的坐标增量闭合差、全长闭合差和全长相对闭合差,填入辅助计算栏,其公式为

$$\left. \begin{array}{l} f_x = \Sigma\Delta x - (x_C - x_B) \\ f_y = \Sigma\Delta y - (y_C - y_B) \end{array} \right\} \qquad (1-11)$$

$$f_D = \sqrt{f_x^2 + f_y^2} \qquad (1-12)$$

$$K = \frac{f_D}{\Sigma D} = \frac{1}{\Sigma D/f_D} \qquad (1-13)$$

(7)坐标增量闭合差的调整。坐标增量闭合差调整的目的是为了消除观测结果与理论值不符的矛盾,其常用调整的方法是:将 f_x、f_y 反号并按与边长成正比的原则分配到各边的坐标增量中去。若以 v_x、v_y 分别表示纵、横坐标增量的改正数,则

$$\left. \begin{array}{l} v_{x_i} = -\frac{f_x}{\Sigma D} \cdot D_i \\ v_{y_i} = -\frac{f_y}{\Sigma D} \cdot D_i \end{array} \right\} \qquad (1-14)$$

将各边坐标增量的改正数填入第 7、9 栏。

(8)计算各未知点坐标,填入第 10、11 栏。

表 1-2　导线测量内业计算表

点号	观测角 (° ′ ″)	改正数 (″)	方位角 (° ′ ″)	边长 /m	坐标增量计算				x /m	y /m
					Δx /m	改正数 /mm	Δy /m	改正数 /mm		
1	2	3	4	5	6	7	8	9	10	11
A			224 03 00							
B	114 17 00								+640.931	+1 068.444
				82.181						
1	146 59 30									
				77.274						
2	135 11 30									
				89.645						
3	145 38 30									
				79.813						
C	158 00 00								+589.974	+1 307.872
D			24 09 00							
Σ										
备注	$f_\beta =$ 　$f_{\beta允} = \pm 60'' \sqrt{n} =$			$f_x =$ 　$K =$		$f_y =$ 　$K_允 =$			$f =$	

注:有下划线的数据表示已知数据。

五、注意事项

(1)全长相对闭合差不应表示为小数或一般的分数,而应将其计算结果化为分子为1,分母为整数(一般凑整至百位)的分数。

(2)在角度闭合差和坐标增量闭合差的调整中,由于计算中的凑整误差使改正数之和与闭合差的绝对值不完全相等而出现小的差数,可将其差数凑到某个角度或某条边坐标增量的改正数中,从而使各项改正数之和与相应的闭合差绝对值完全相等。

(3)第4栏应计算出终边 CD 的方位角 α_{CD},且与已知方位角比较,二者应该完全相等。除此之外,第10、11栏应计算出终点 C 的坐标(x_C, y_C),与 C 的已知坐标相比较,作为检核。

(4)用计算器进行角度和三角函数的有关计算时,应注意角度的选择(必须是 DEG,即度分秒制)、角度 60 进制与 10 进制的转换(按 60 进制输入,转换为 10 进制运算,角度的运算结果再转换为 60 进制)。

(5)如果需要根据两个已知点的坐标进行反算起始方位角,计算器上显示的运算结果一般是象限角,应根据坐标增量 Δx、Δy 的"+"、"一"号判别所在象限,从而将象限角化为方位角。

(6)闭合导线的计算方法和步骤与附合导线基本相同,但其角度闭合差和坐标增量闭合差的计算有所不同。

(7)本题未知点坐标的正确答案为

$x_1 = +564.563\ m$ $x_2 = +519.892\ m$ $x_3 = +534.677\ m$

$y_1 = +1\ 098.802\ m$ $y_2 = +1\ 161.864\ m$ $y_3 = +1\ 250.299\ m$

习题课三　地形图应用

一、目的

能在工程施工中应用地形图。

二、题目

在局部地形图(见图 1-3)中完成有关地形图基本应用和施工应用的练习。

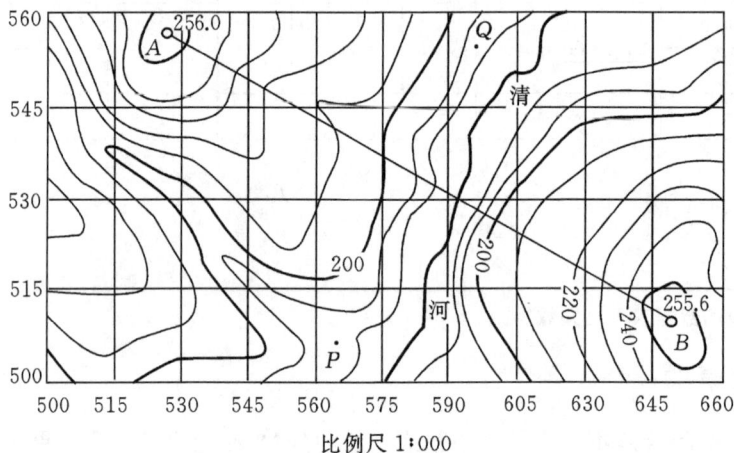

图 1-3　局部地形图

三、安排时数

课内 2 学时。

四、内容

(1)按图解法,在图上直接量取 A、B 两点的坐标分别为 $x_A = $ _____ 、$y_A = $ _____ ,$x_B = $ _____ 、$y_B = $ _____ 。

(2)按图解法,在图上直接量取 A、B 两点之间的水平距离 $D_{AB} = $ _____ ,方位角 $\alpha_{AB} = $ _____ 。

(3)按解析法,将图上 A、B 两点的坐标代入以下公式,计算两点之间的水平距离和方位角(对图解法的结果进行检核)。

$$\alpha_{AB} = \arctan \frac{y_B - y_A}{x_B - x_A} =$$

$$D_{AB} = \sqrt{(x_B - x_A)^2 + (y_B - y_A)^2} =$$

(4)按内插法,求解图上 P、Q 两点的高程分别为 $H_P = $ _____ , $H_Q = $ _____ ,并计算得 PQ 的地面坡度 $i = $ _____ %。

(5)试从图上 P 点出发,选定一条到 Q 点的最佳路线使得坡度为 5%。

首先计算满足该坡度要求的路线通过图上相邻等高线的最短平距。

$$d = \frac{h}{i \cdot M}$$

然后将两脚规的两脚调至 d ,自 P 点作圆弧交 190 m 等高线于 1 点,再自 1 点以 d 为半径作圆弧交 200 m 等高线于 2 点,如此进行直到所得符合规定坡度的路线。

(6)绘制 A—B 方向的纵断面图。

①如图 1-4(a)所示,在地形图上绘出断面线 AB ,依次交于等高线 1,2,3,…点。

②在另一张白纸(或毫米方格纸)上绘出水平线 AB ,并作若干平行于 AB 等间隔的平行线,间隔大小依竖向比例尺而定,再注记出相应的高程值,如图 1-4(b)所示。

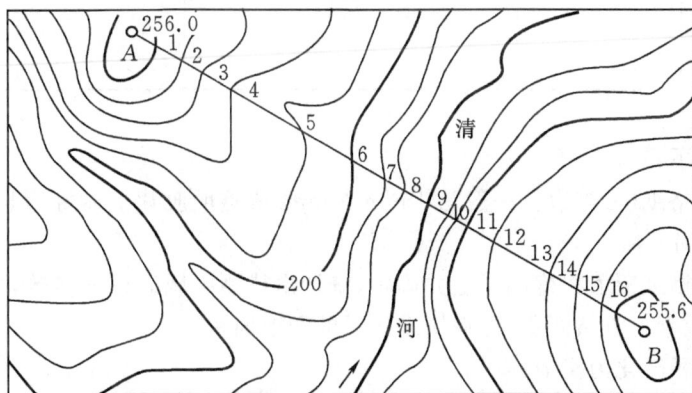

(a)

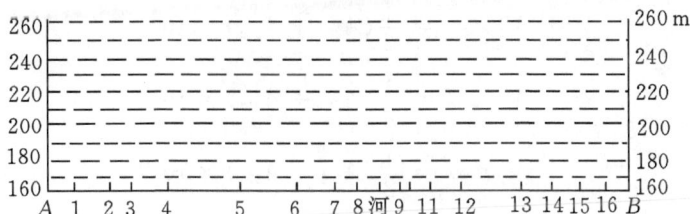

(b)

图 1-4　绘制 A—B 方向的纵断面图

③把 1,2,3,…等交点转绘到水平线 AB 上,并通过各点作垂直线,各垂线与相应高程的水平线交点即断面点。

④用平滑曲线连接各断面点,则得到沿 AB 方向的断面图。

(7)按等高线法计算图 1-3 中东南角高程为 220 m 的等高线与东侧及南侧坐标格网的边界线所包围的地区的总体积,计算结果填入表 1-3。

表 1-3　等高线法体积计算表

等高线高程 H	方格数 n	图上面积 /m²	实地面积 /m²	高差 h /m	体积 V /m³
合计					

计算步骤如下:

①在透明方格纸(方格边长一般为 1 mm、2 mm)或透明胶片上做好边长 1 mm 或 2 mm 的正方形格网膜片。

②将透明方格纸覆盖在待测图上并固定,统计出待测区域的整方格数,目估不完整的方格数,用总方格数乘上方格面积,即得所求区域的图上面积。

③将图上面积转化为实地面积。

④计算各相邻等高线之间的体积:

$$V_{220-230} = \frac{1}{2}(A_{220} + A_{230}) \times 10$$

$$V_{230-240} = \frac{1}{2}(A_{230} + A_{240}) \times 10$$

$$V_{240-250} = \frac{1}{2}(A_{240} + A_{250}) \times 10$$

$$V_{250-255.6} = \frac{1}{3}A_{250} \times 5.6$$

式中:A 为等高线与东侧及南侧坐标格网的边界线所包围的面积。

⑤总的体积为

$$V = \sum V = V_{220-230} + V_{230-240} + V_{240-250} + V_{250-255.6}$$

习题课四　方格网法进行场地平整设计及土方量计算

一、目的

能够熟练地在地形图上应用方格网法进行场地平整设计及土方量计算。

二、题目

在局部地形图(见图 1-5)上完成方格网所包围施工场地的平整设计和土方量计算。

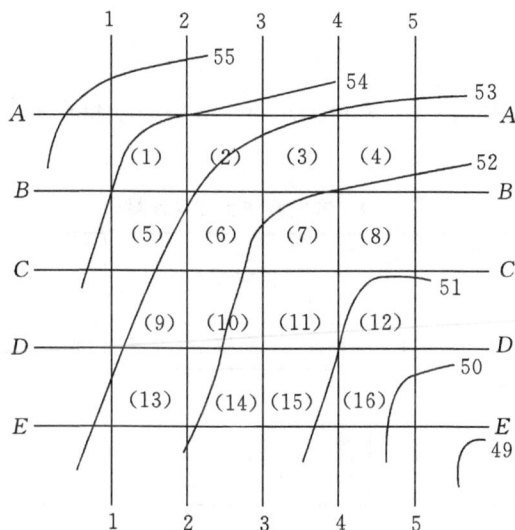

图 1-5　方格网法场地平整设计和土方量计算

三、安排时数

课内 2 学时。

四、计算步骤

1. 确定图上网格交点的高程

在图上方格网 16 个方格所围成的场地内,根据等高线内插法逐一确定每个方格交点的地面高程,注于各方格交点的右上方。

2. 计算设计高程

将每个方格角点的地面高程值相加,并除以 4,得到各方格的平均高程,再把每个方格的平均高程相加除以方格总数就得到设计高程 $H_设$。$H_设$ 也可以根据工程要求直接给出。

3. 确定填、挖边界线

根据设计高程 $H_设$,在图 1-5 上绘出高程为 $H_设$ 的高程线,在此线上的点即为不填又不挖,也就是填、挖边界线,亦称零等高线。

4. 计算各方格网点的填、挖高度

将各方格网点的地面高程减去设计高程 $H_设$,即得各方格网点的填、挖高度,并注于相应顶点的左上方,正号表示挖深,负号表示填高。

5. 计算各方格的填、挖方量

将每个方格四个角点的挖深或填高,依方格编号填入表 1-4 相应栏中,再计算每个方格的平均挖深、下挖的实地面积与平均填高、上填的实地面积,则各方格的挖方=下挖面积×平均挖深,填方=上填面积×平均填高,即得该方格的挖方量或填方量。

6. 计算总填、挖方量

将所有方格的填方量和挖方量分别求和,即得总填、挖方量。

五、注意事项

(1)在表 1-4 计算部分的 1~4 栏分别填每个方格四个角点的挖深或填高,而并非角点的地面高程。

表 1-4　方格网法土方量计算表

方格号	各点挖深(+)或填高(-)/m				挖方/m³			填方/m³			总土方量/m³
	左上	右上	左下	右下	均深	面积	方量	均高	面积	方量	
(1)	1	2	3	4	5	6	7	8	9	10	11
(2)											
(3)											
(4)											
(5)											
(6)											
(7)											
(8)											
(9)											
(10)											
(11)											
(12)											
(13)											
(14)											
(15)											
(16)											
合计	—	—	—	—	—	—	—	—	—	—	

（2）计算每方格的平均挖深、下挖面积或平均填高、上填面积时有三种情况：

①无零线通过的全挖方格，平均挖深就等于四个角点挖深的平均值，下挖面积就等于方格的实地面积。

②无零线通过的全填方格，平均填高就等于四个角点填高的平均值，上填面积就等于方格的实地面积。

③有零线通过的方格，应将该方格分成下挖和上填两部分，分别计算其平均挖深、下挖面积和平均填高、上填面积，而在计算平均挖深和平均填高时应将零线与方格边线的交点视为两个"零点"（挖深和填高均为 0 的点）加以考虑。

（3）计算每个方格内下挖和上填两部分的面积，若精度要求较高，则应对两部分分别进行面积量算；若精度要求较低，则可直接在图上估计两部分各占方格面积之比，再根据方格的实地面积按二者之比分别得出下挖和上填两部分的实地面积。

（4）第①种情况仅计算挖方（表中 5～7 栏），第②种情况仅计算填方（表中 8～10 栏），第③种情况既有挖方又有填方，应分别计算（表中 5～10 栏）。

习题课五 圆曲线测设的坐标计算

一、目的

能够熟练地计算圆曲线主点测设要素和细部点的坐标。

二、题目

如图 1-6 所示，设某单圆曲线偏角 $\alpha = 34°12'00''$，$R = 200$ m，主点桩号为 $ZY:K4+906.90$，$QZ:K4+966.59$，$YZ:K5+026.28$，试按每 20 m 一个整桩号，计算该圆曲线的主点测设元素及切线支距法测设的各桩坐标。

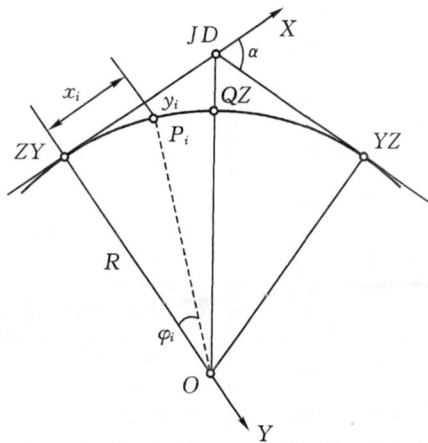

图 1-6 切线支距法

三、安排时数

课内 1 学时。

四、计算步骤

1. 主点测设元素计算

$$T = R\tan\frac{\alpha}{2} \qquad (1-15)$$

$$L = R\alpha\frac{\pi}{180} \qquad (1-16)$$

$$E = R(\sec\frac{\alpha}{2} - 1) \qquad (1-17)$$

$$q = 2T - L \qquad (1-18)$$

2. 主点里程计算

$$
\left.
\begin{aligned}
ZY\,\text{里程} &= JD\,\text{里程} - T \\
QZ\,\text{里程} &= ZY\,\text{里程} + \frac{L}{2} \\
YZ\,\text{里程} &= QZ\,\text{里程} + \frac{L}{2} \\
JD\,\text{里程} &= QZ\,\text{里程} + \frac{q}{2}\,(\text{校核})
\end{aligned}
\right\}
\tag{1-19}
$$

3. 切线支距法(整桩号)各桩要素的计算

以 ZY 或 YZ 为坐标原点,切线为 X 轴,过原点的半径为 Y 轴,建立坐标系。各桩点坐标按下列公式计算:

$$
\left.
\begin{aligned}
x_i &= R\sin\varphi_i \\
y_i &= R(1 - \cos\varphi_i) \\
\varphi_i &= \frac{l_i}{R} \cdot \frac{180°}{\pi}
\end{aligned}
\right\}
\tag{1-20}
$$

式中,l_i 为圆曲线上各点至原点的弧长(里程)。

表 1-5　切线支距法(整桩号)各桩要素的计算表

曲线桩号/m	ZY(YZ)至桩的曲线长 l_i/m	圆心角 φ_i/(°)	切线支距法坐标	
			x_i/m	y_i/m
$ZY\,K4+906.90$	4906.9			
$K4+920$	4920			
$K4+940$	4940			
$K4+960$	4960			
$QZ\,K4+966.59$	—		—	—
$K4+980$	4980			
$K5+000$	5000			
$K5+020$	5020			
$YZ\,K5+026.28$	5026.28			

注:表中曲线长 l_i 等于各里程桩与 ZY 或 YZ 里程之差。

习题课六 竖曲线测设的高程计算

一、目的

能够熟练地计算竖曲线测设元素和细部点的高程。

二、题目

如图 1-7 所示,某二级公路上一方为上坡,其坡度为 5%,在另一方为下坡,坡度为 -3%,变坡点里程为 $K5+125.00$,设计高程为 400.00 m,竖曲线半径 $R=1\,500$ m,试计算竖曲线测设元素,并编制竖曲线上各点的高程表。

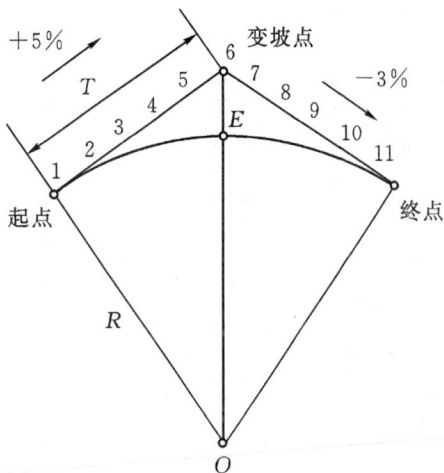

三、安排时数

课内 2 学时。

四、计算步骤

1. 计算竖曲线元素

根据 ω 和竖曲线半径 R 计算竖曲线要素 T、L、E。

图 1-7 竖曲线计算

竖曲线的转角 $\omega = \Delta i = i_1 - i_2$,其中 $i_1, i_2, \cdots$ 为相应坡度,当 $\omega < 0$ 时,为凹形竖曲线,$\omega > 0$ 时为凸形竖曲线。

$$L = R\omega = R(i_1 - i_2) \qquad (1-21)$$

$$T = \frac{1}{2}R(i_1 - i_2) \qquad (1-22)$$

$$E = \frac{T^2}{2R} \qquad (1-23)$$

2. 计算竖曲线主点桩号和高程

曲线起点桩号 $= K5+125.00 - 0.5L$

曲线终点桩号 $= K5+125.00 + 0.5L$

曲线起点高程 $= 400.00 - T \times 5\%$

曲线终点高程 $= 400.00 - T \times 3\%$

表 1-6 竖曲线计算表

点号	里程	至竖曲线起点或终点的平距 x/m	y/m	坡度线上各点高程/m	竖曲线上各点高程/m
终点	$K5+185.00$	0			
11	$+175.00$	10			
10	$+165.00$	20			
9	$+155.00$	30			
8	$+145.00$	40			
7	$+135.00$	50			
6	$+125.00$	60			
5	$+115.00$	50			
4	$+105.00$	40			
3	$+95.00$	30			
2	$+85.00$	20			
1	$+75.00$	10			
起点	$+65.00$	0			

3. 计算竖曲线各点 y 值

由竖曲线起点(或终点)开始,沿切线方向每隔 10 m 在地面标定一个木桩。根据下列公式计算 y 值:

$$y = \frac{x^2}{2R} \tag{1-24}$$

式中,x 为竖曲线上细部点距曲线起点(或终点)的弧长 l。

4. 计算坡度线上各点高程

$$高程 = 400.00 + (T - x) \times i \tag{1-25}$$

5. 计算竖曲线上各点的高程

竖曲线上各点的高程近似等于坡度线上相应点的高程与 y 值的差值。

第二部分

基础测量实验指导

JICHU CELIANG SHIYAN ZHIDAO

测量实验须知

道路工程测量是一门理论和实践并重的专业基础课,其中一个重要的教学环节就是实验课。通过实验课的实践教学和操作训练,可以使学生更好地巩固课堂所学的基本理论,掌握测量仪器操作的基本技能和测量作业的基本方法,培养学生独立思考、分析和解决实际问题的能力,真正达到提高实践动手能力的目的。因此,每位同学务必在教师的指导下,按时保质保量完成各项实验任务,以满足本专业后续课程学习和日后工作的需要。

一、测量实验规定

(1)在测量实验之前,应复习教材中的有关内容,认真仔细地预习实验指导书,明确目的与要求、熟悉实验步骤、注意有关事项,并准备好所需文具用品,以保证按时完成实验任务。

(2)实验分小组进行,组长负责组织协调工作,办理所用仪器工具的借领和归还手续。

(3)实验应在规定的时间进行,不得无故缺席或迟到早退;应在指定的场地进行,不得擅自改变地点或离开现场。

(4)必须严格遵守本书列出的"测量仪器工具的借领与使用规则"和"测量记录与计算规则"。

(5)服从教师的指导,每人都必须认真、仔细地操作,培养独立工作能力和严谨的科学态度,同时要发扬互相协作精神。每项实验都应取得合格的成果并提交书写工整规范的实验报告,经指导教师审阅签字后,方可交还测量仪器和工具,结束实验。

(6)实验过程中,应遵守纪律,爱护现场的花草、树木和农作物,爱护周围的各种公共设施,任意砍折、踩踏或损坏者应予赔偿。

二、测量仪器工具的借领与使用规则

1. 测量仪器工具的借领

(1)在教师指定的地点办理借领手续,以小组为单位领取仪器工具。

(2)借领时应该当场清点检查:实物与清单是否相符,仪器工具及其附件是否齐全,背带及提手是否牢固,脚架是否完好等。如有缺损,可以补领或更换。

(3)离开借领地点之前,必须锁好仪器箱并捆扎好各种工具;搬运仪器工具时,必须轻拿轻放,避免剧烈震动。

(4)借出仪器工具之后,不得与其他小组擅自调换或转借。

(5)实验结束,应及时收装仪器工具,送还借领处检查验收,消除借领手续。如有遗失或损坏,应写出书面报告说明情况,并按有关规定给予赔偿。

2. 测量仪器使用注意事项

(1)携带仪器时,应注意检查仪器箱盖是否关紧锁好,拉手、背带是否牢固。

(2)打开仪器箱之后,要看清并记住仪器在箱中的安放位置,避免以后装箱困难。

(3)提取仪器之前,应注意先松开制动螺旋,再用双手握住支架或基座轻轻取出仪器,放在三脚架上,保持一手握住仪器,一手去拧连接螺旋,最后旋紧连接螺旋,使仪器与脚架连接牢固。

(4)装好仪器之后,注意随即关闭仪器箱盖,防止灰尘和湿气进入箱内。仪器箱上严禁坐人。

(5)人不离仪器,仪器必须有人看护。切勿将仪器靠在墙边或树上,以防跌损。

(6)在野外使用仪器时,应该撑伞,严防日晒雨淋。

(7)若发现透镜表面有灰尘或其他污物,应先用软毛刷轻轻拂去,再用镜头纸擦拭,严禁用手帕、粗布或其他纸张擦拭,以免损坏镜头。观测结束后应及时套好物镜盖。

(8)各制动螺旋勿扭过紧,微动螺旋和脚螺旋不要旋到顶端。使用各种螺旋都应均匀用力,以免损伤螺纹。

(9)转动仪器时,应先松开制动螺旋,再平衡转动。使用微动螺旋时,应先旋紧制动螺旋。动作要准确、轻捷,用力要均匀。

(10)使用仪器时,对仪器性能尚未了解的部件,未经指导教师许可不得擅自操作。

(11)仪器装箱时,要放松各制动螺旋,装入箱后先试关一次,在确认安放稳妥后,再拧紧各制动螺旋,以免仪器在箱内晃动、受损,最后关箱上锁。

(12)测距仪、电子经纬仪、电子水准仪、全站仪、GPS等电子测量仪器,在野外更换电池时,应先关闭仪器的电源;装箱之前,也必须先关闭电源,才能装箱。

(13)仪器搬站时,对于长距离或难行地段,应将仪器装箱,再搬站。在短距离和平坦地段,应先检查连接螺旋,再收拢脚架,一手握基座或支架,一手握脚架,竖直地搬移,严禁横杠仪器进行搬移。罗盘仪搬站时,应将磁针固定,使用时再将磁针放松。装有自动归零补偿器的经纬仪搬站时,应先旋转补偿器、关闭螺旋并将补偿器托起才能搬站,观测时应记住及时打开。

3. 测量工具使用注意事项

(1)水准尺、标杆禁止横向受力,以防弯曲变形。作业时,水准尺、标杆应由专人认真扶直,不准贴靠树上、墙上或电线杆上,不能磨损尺面分划和漆皮。塔尺的使用,还应注意接口处的正确连接,用后及时收尺。

(2)测图板的使用,应注意保护板面,不得乱写乱扎,不能施以重压。

(3)皮尺要严防潮湿,万一潮湿,应晾干后再收入尺盒内。

(4)钢尺的使用,应防止扭曲、打结和折断,防止行人踩踏或车辆碾压,尽量避免尺身着水。用完钢尺,应擦净、涂油,以防生锈。

(5)小件工具如垂球、测钎、尺垫等的使用,应用完即收,防止遗失。

(6)测距仪或全站仪使用的反光镜,若发现反光镜表面有灰尘或其他污物,应先用软毛刷轻轻拂去,再用镜头纸擦拭。严禁用手帕、粗布或其他纸张擦拭,以免损坏镜面。

三、测量记录与计算规则

(1)所有观测成果均要使用硬性(2H 或 3H)铅笔记录,同时熟悉表上各项内容及填写、计算方法。记录观测数据之前,应将仪器型号、日期、天气、测站、观测者及记录者姓名等填写齐全,不可遗漏。

(2)观测者读教后,记录者应随即在测量手簿上的相应栏内填写,并复诵回报,以防听错、记错。不得另纸记录事后转抄。

(3)记录时要求字体端正清晰,字体的大小一般占格宽的一半左右,留出空隙作改正错误用。

(4)数据要全,不能省略零位。如水准尺读数 1.300,度盘读数 $30°00'00''$ 中的"0"均应填写。

(5)水平角观测,秒值读记错误应重新观测,度、分读记错误可在现场更正,但同一方向盘左、盘右不得同时更改相关数字。垂直角观测中分的读数,在各测回中不得连环更改。

(6)距离测量和水准测量中,厘米及以下数值不得更改,米和分米的读记错误,在同一距离、同一高差的往、返观测或两次测量的相关数字不得连环更改。

(7)更正错误,均应将错误数字、文字整齐划去,在上方另记正确数字和文字。划改的数字和超限划去的成果,均应注明原因和重测结果的所在页码。

(8)按四舍五入,五前单进双舍(或称奇进偶不进)的取数规则进行计算。如数据1.1235和 1.1245 进位均为1.124。

实验一　DS₃型微倾式水准仪的认识和使用

一、实验目的

(1)了解 DS₃ 型微倾式水准仪的构造,熟悉该仪器各部件名称及作用。
(2)初步掌握 DS₃ 微倾式水准仪的使用方法,学会水准尺的读数。
(3)掌握用 DS₃ 型微倾式水准仪测定地面上任意两点间高差的方法。

二、实验器具

每组借领水准仪 1 台,脚架 1 个,水准尺 1 对,尺垫 1 对,记录夹 1 个。

三、实验内容

(1)熟悉 DS₃ 型微倾式水准仪的基本构造。
(2)练习整平、瞄准,学会消除视差以及中丝在水准尺上的读数方法。
(3)用变换仪器高法观测两点间的高差。

四、安排时数

课内 2 学时。

五、实验步骤

1. 安置仪器

先将三脚架张开,使其高度适中,架头大致水平,并将架腿踩实,再开箱取出仪器,用中心连接螺旋将三脚架头与水准仪固紧。

2. 认识仪器

指出仪器各部件名称,了解其作用并熟悉使用方法。

3. 水准尺的读数方法

水准尺的读数方法如图 2-1 所示。

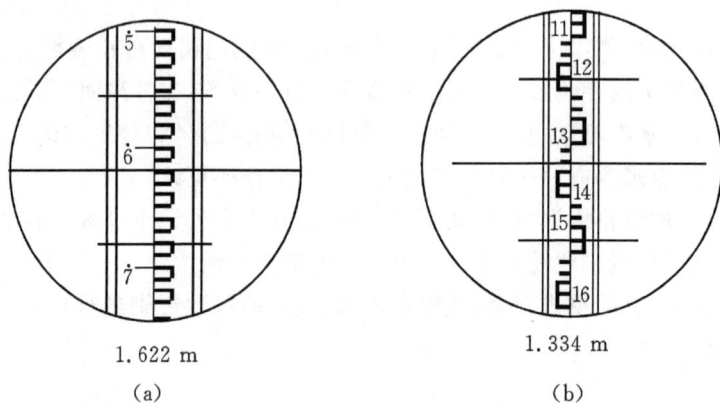

1.622 m

(a)

1.334 m

(b)

图 2-1　水准尺的读数方法

4. DS₃ 型水准仪的操作步骤

(1)用脚螺旋对圆气泡进行粗略整平。原则:气泡移动的方向与左手大拇指转动方向一致,如图 2-2 所示。

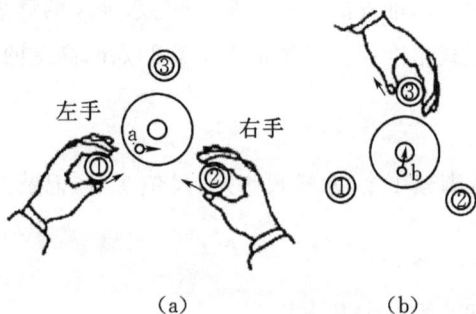

左手　　　右手

(a)　　　　　　(b)

图 2-2　粗略整平

(2)调节目镜螺旋使十字丝清晰。

(3)松开制动螺旋,用水准仪上的缺口和准星瞄准后视水准尺并制动。

(4)调节望远镜对光螺旋使目标清晰,若有视差则应反复调节目镜螺旋及望远镜调焦螺旋予以消除。

(5)用微动螺旋使十字丝竖丝平分尺面,调节微倾螺旋使管水准气泡符合(见图2-3),立即读数,估读到毫米。

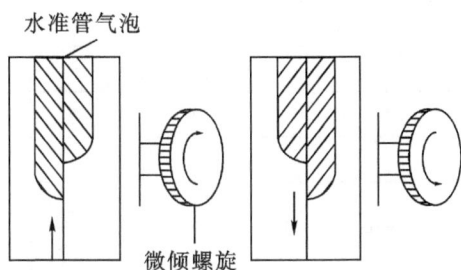

图 2-3 精确整平

(6)松开制动螺旋,转动望远镜对准前视尺,按同样要求读数。

(7)变换仪器高后,重新测定上述两点间高差。

六、限差要求

采用变换仪器高法测得的两点间高差互差不得超过±5 mm。

七、思考题

(1)什么叫视差?如何消除?

(2)水准测量时为什么符合气泡居中才能读数?圆水准器起什么作用?

表 2 - 1　DS₃ 型水准仪的认识和使用记录表

仪器型号：　　　　　　　　天气：　　　　　　　　观测者：
日　　期：　　　　　　　　成像：　　　　　　　　记录者：

安置仪器次数	测点	后视/m	前视/m	高　差 h/m	互差 Δh/m
第一次					
第二次					

实验报告

日期：　　　　　班级：　　　　　组别：　　　　　姓名：　　　　　学号：

实验名称	
实验目的	
实验器具	

一、填空

1. 水准仪的使用包括仪器的_____、_____、_____、_____和_____等操作步骤。

2. 粗略整平是用仪器脚螺旋将圆水准器气泡调节到居中位置,借助圆水准器的气泡居中,使仪器_____大致铅直,_____粗略水平。遵循的原则是:_____。

3. 用望远镜照准目标,必须先调节_____使十字丝清晰。然后利用望远镜上的准星从外部瞄准水准尺,再旋转_____使尺像清晰,也就是使尺像落到十字丝平面上。

二、写出下图中编号对应的各部件的名称

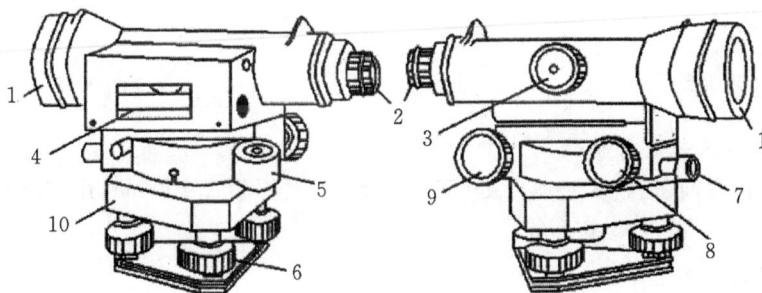

三、实验心得

实验二 普通水准测量

一、实验目的

(1)熟悉 DS_3 型微倾式水准仪的构造及使用方法。

(2)掌握普通水准测量的观测、记录、计算和校核。

(3)练习并掌握等外水准测量的施测方法。

二、实验器具

每组借领水准仪 1 台,脚架 1 个,水准尺 1 对,尺垫 1 对,小伞 1 把,记录夹 1 个。

三、实验内容

(1)施测闭合水准路线测量或附合水准路线测量(至少要观测 5 个测站)。

(2)观测精度满足要求后,根据观测结果进行水准路线高差闭合差的调整和高程计算。

四、安排时数

课内 2 学时。

五、实验步骤

1. 安置水准仪并进行整平

将仪器安置在前、后视大致等距处(50～80 m,最大不超过 100 m),用脚螺旋对圆气泡进行粗略整平。

2. 观测程序

按变换仪器高法进行观测,注意消除视差,切记每次读数前要调整微倾螺旋使管水准气泡符合。

3. 记录、计算、校核与搬站

记录员肩负着记录、计算、校核及指挥搬站的工作,记录时应向观测员回报数据,按规定格式逐项填写,随测随记,字迹工整,当计算结果符合规定后,再进行搬站。

4. 施测成果校核

观测结束后,立即计算出高差闭合差 f_h,并与高差容许闭合差 $f_{h容}$ 进行比较,以确定该水准路线成果是否合格。如果观测成果合格,则可计算各待定点的高程;否则,要进行重测。

六、校核规定

(1)测站校核:仪器变更的高度应大于 10 cm,两次所测高差互差不大于 5 mm。

(2)路线校核:高程闭合差

$$|f_h| \leqslant 40\sqrt{L}\ \text{mm} \ \text{或} \ 12\sqrt{n}\ \text{mm}$$

式中:L 为水准路线的总长,以 km 为单位;n 为水准路线的总测站数。

七、思考题

(1)为什么水准测量时,仪器前、后视距离应尽可能相等?

(2)水准尺前、后倾斜对所测高差有何影响?

表 2-2 普通水准测量记录表

仪器型号: 　　　　　　　　天气: 　　　　　　　　观测者:

日　　期: 　　　　　　　　成像: 　　　　　　　　记录者:

测站	测点	后视/m	前视/m	高差 h/m	平均 h/m

表 2-3　普通水准测量成果计算表

测点	测站数（或距离）	实测高差/m	高差改正数/mm	改正后的高差/m	高程/m	备注
Σ						
辅助计算						

实验报告

日期： 班级： 组别： 姓名： 学号：

实验名称	
实验目的	
实验器具	
实验场地布置草图	
实验主要步骤	
实验心得	

实验三　微倾式水准仪的检验与校正

一、实验目的

(1)了解水准仪的主要轴线及它们之间的几何关系。

(2)掌握 DS_3 型水准仪的检验与校正。

二、实验器具

每组借领水准仪1台,脚架1个,水准尺1对,尺垫2个,记录板1块,校正针1根,钟表起子1个。另需自备铅笔和刀片。

三、实验内容

(1)圆水准器的检验和校正。

(2)十字丝的检验和校正。

(3)水准管轴平行视准轴的检验和校正。

四、安排时数

2学时。

五、实验步骤

(一)水准仪应满足的几何条件

水准仪的主要轴线如图2-4所示。

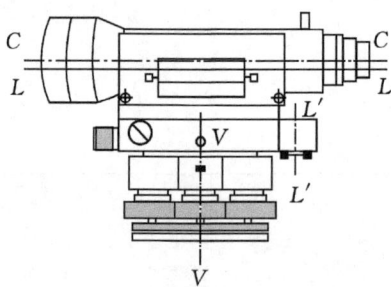

图2-4　水准仪的主要轴线

(1)圆水准器轴 $L'L'$ 应平行于仪器的竖轴 VV;

(2)十字丝的中丝(横丝)应垂直于仪器的竖轴;

(3)水准管轴 LL 应平行于视准轴 CC。

（二）一般性检验

安置仪器后，首先检查三脚架是否稳固，制动螺旋、微动螺旋、微倾螺旋、脚螺旋、调焦螺旋等是否有效，望远镜成像是否清晰。

（三）轴线几何条件的检验与校正

1. 圆水准器轴平行竖轴的检验

检验：将水准仪安置在指定位置，用三个脚螺旋使圆水准器气泡居中，再用微倾螺旋使长水准管气泡居中，随后将仪器旋转180°，若圆水准器气泡仍然居中，则满足条件，否则应进行校正。

校正：用脚螺旋使气泡向中央方向移动偏离量的一半，然后拨圆水准器的校正螺旋使气泡居中。由于一次拨动不易使圆水准器校正得很完善，所以需重复上述的检验和校正，使仪器上部旋转到任何位置气泡都能居中为止。

2. 十字丝横丝垂直于仪器竖轴的检校

检验：如图2-5所示，安置好水准仪，用横丝的一端对准远处的一个明显固定标志，制动后，徐徐转动微动螺旋，若该标志始终在横丝上移动，则表明横丝垂直于竖轴。否则应进行校正。

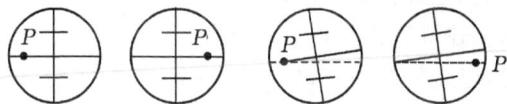

图2-5 十字丝的检验与校正

校正：用钟表起子松开固定十字丝环的三颗螺丝，使横丝水平。此项校正要反复进行，直到满足条件为止。校正后再把固定螺丝旋紧。

3. 望远镜视准轴与水准管轴平行的检验校正

检验：如图2-6所示在平坦地面选相距约60～80 m左右的A、B两点，在两点打入木桩。水准仪首先置于离A、B等距的C点，因距离相等，$x_1 = x_2 = x$（因为$D_1 \tan i = D_2 \tan i$），因此求得的高差$h_1 = a_1 - b_1$还是正确的。然后将仪器搬至B点附近（相距2～3 m），对远尺

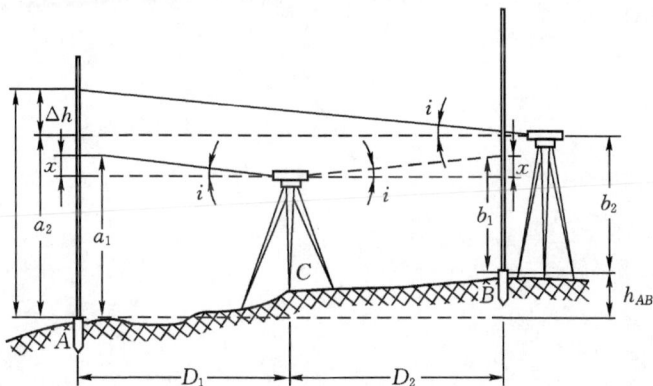

图2-6 水准管轴平行视准轴的检验

A 和近尺 B，读数 a_2 和 b_2，求得第二次高差 $h_2 = a_2 - b_2$。若 $h_2 = h_1$，说明水准管轴平行于视准轴，无需校正。若 $h_2 \neq h_1$，说明水准管轴不平行于视准轴，当若 h_2 与 h_1 的差值大于 3 mm 时，需要校正。

校正：转动微倾螺旋，使十字丝的中丝对准 A 点尺上的正确读数 a_2，此时视准轴处于水平位置，而水准管气泡却偏离了中心。如图 2-7 所示，用拨针拨动校正螺丝，使偏离的气泡重新居中。此项校正工作应反复进行，直到达到要求为止。

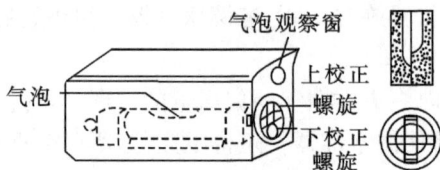

图 2-7 水准管的校正

六、注意事项

(1)仪器如需校正，应在老师指导下进行。

(2)三项检验校正依上述顺序进行，不应颠倒。

(3)调节校正螺丝时，应先松开一个，再旋紧一个，微松微紧，交替进行，直到正确位置为止。螺丝不要拧得太紧以免螺丝折断或滑丝，也不能太松以免工作时松动。

七、思考题

(1)望远镜视准轴与水准管轴平行的检验原理是什么？

(2)为什么在使用前要对水准仪进行检验校正？

实验报告

日期：　　　　班级：　　　　组别：　　　　姓名：　　　　学号：

实验名称	
实验目的	
实验器具	
圆水准器轴平行竖轴的检验方法	
十字丝横丝垂直于仪器竖轴的检验方法	
望远镜视准轴与水准管轴平行的检验方法	
实验心得	

实验四　数字水准仪的认识和使用

一、实验目的

(1)认识数字水准仪的构造特点及原理。
(2)了解 DL－202 型数字水准仪各部件及有关螺旋的名称和作用。
(3)掌握 DL－202 型数字水准仪的使用方法。

二、实验器具

每组借领 DL－202 型数字水准仪 1 台,脚架 1 个,编码水准尺 1 对,尺垫 2 个,记录板 1 块。

三、实验内容

(1)与实验二相同,施测闭合水准路线测量或附合水准路线测量(至少要观测 5 个测站)。
(2)观测精度满足要求后,根据观测结果进行水准路线高差闭合差的调整和高程计算。

四、安排时数

2 学时。

五、实验步骤

1. 安置仪器
与安置 DS₃ 型水准仪相同。
2. 粗平
按左手法则旋转脚螺旋,使圆水准器气泡居中。
3. 认识 DL－202 型数字水准仪
了解仪器各部件的名称和作用,开机,熟悉仪器操作键和功能,以及各级菜单的内容和使用方法。
4. 瞄准
先进行目镜调焦,以天空或粉墙为背景,转动目镜对光螺旋,使十字丝清晰;后照准目标,转动望远镜,通过其上的准星和缺口照准标尺,固定水平制动螺旋,旋转微动螺旋,使标尺成像在望远镜视场中央;再进行物镜调焦,旋转物镜对光螺旋,使标尺的影像清晰,同时检查是否存在视差现象,若存在,则反复调焦,加以消除。
5. 观测
(1)按【MENU】键→进入标准测量模式→照准标尺→按【MEAS】键测量标尺读数和视距。
(2)按【MENU】键→进入高程高差模式→输入后视点高程→照准后视标尺→按

【MEAS】键测量后视尺读数和视距→按【ENT】键确认→照准前视标尺→按【MEAS】键测量前视尺读数和视距→按【↓】键显示前视点高程和后视点、前视点的高差,有关显示结果记入表 2-4。

6. 线路测量

从已知点出发,经各个待定点,再测回已知点。全线分为几段,每段 1 个测站,无转点,但在设站点前、后各增设 1 个"中间点"。假设始点 A 点高程 $H_A = 30.000$ m,测定每个测站前视点以及中间点的高程和测站高差,并将最后一站测得的终点高程和其已知值进行比较,将其各站有关显示结果记入表 2-4。

六、思考题

1. 与普通水准仪比较,数字水准仪有哪些优点?
2. 数字水准仪测量高差时,包括哪些步骤?

表 2-4 数字水准仪水准测量记录表

仪器型号：　　　　　　　天气：　　　　　　　观测者：

日　　期：　　　　　　　成像：　　　　　　　记录者：

测站	测点	后视点		前视点		高差 h/m	高程/m
		读数/m	视距/m	读数/m	视距/m		

实验报告

日期： 班级： 组别： 姓名： 学号：

实验名称	
实验目的	
实验器具	
实验场地布置草图	
实验的主要步骤	
实验心得	

实验五　DJ₆型光学经纬仪的认识与使用

一、实验目的

(1)了解 DJ₆光学经纬仪的基本构造及各部件的功能。

(2)掌握经纬仪对中、整平、瞄准和读数的方法。

二、实验器具

每组借领光学经纬仪 1 台,脚架 1 个,记录板 1 块,测钎 2 根。

三、实验内容

测量两个方向间的水平角。

四、安排时数

课内 2 学时。

五、实验步骤

1. 安置经纬仪,粗略对中

安置三脚架于测站点上,目估架头大致水平,用中心螺旋固连经纬仪于三脚架上,然后挂垂球或用光学对点器,移动三脚架使垂球或光学对点器大致对准测站点,并踩牢三脚架脚尖。

2. 精确对中整平

用长水准器进行整平,然后稍松中心螺旋,轻轻移动经纬仪,使垂球或光学对点器对准测站点并固紧中心螺旋,然后进行整平,反复进行直到符合要求为止。

整平方法:如图 2-8 所示,转动照准部使管水准器平行于任一对脚螺旋的连线,按左手拇指规则相向或反向转动脚螺旋使气泡居中。然后转动照准部 90°,使管水准器垂直于刚才的一对脚螺旋的连线,转动第三个脚螺旋使气泡居中,如此反复几次直到气泡在任何方向都

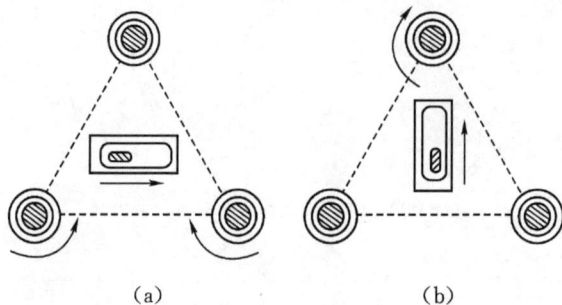

(a)　　　　　　　　(b)

图 2-8　精确整平

居中为止。

对中、整平是互相影响、交替进行的,应反复进行,直到两个目的都达到为止。否则,需重复以上步骤。

　　3. 测量两方向间的水平角

用望远镜上的瞄准器大致瞄准左方向的目标 A,固定水平制动螺旋,调节目镜对光螺旋使目标成像清晰。用水平微动螺旋使十字丝平分目标或用双丝夹住目标(尽可能看目标下部),然后通过读数显微镜读取水平度盘读数 a。松开水平制动螺旋,顺时针转动照准部瞄准右方目标 B,依上述同样步骤读取水平度盘读数 b,则 $\beta = b - a$,当 b 不够减时,将 b 加上 $360°$。

六、限差要求

(1)对中误差小于 $\pm 3\ mm$,整平误差小于 2 格。

(2)用测微尺进行度盘读数时,可估读到 $0.1'$(6 的倍数秒值),估读必须准确。

七、注意事项

(1)瞄准目标时,必须消除十字丝视差,成像必须清晰,瞄准要准确。

(2)观测员读数要清晰、准确,并静听记录员的回报。

(3)观测过程中,各种螺旋不可拧得太紧或太松,特别是微动螺旋不可拧过头,使用制动扳钮时勿用力应扳。

八、思考题

(1)经纬仪上有几对制动、微动螺旋,各起什么作用,如何正确使用?

(2)水平角观测中照准同一竖直面内不同高度的目标对水平度盘上的读数是否有影响?

表 2-5　DJ₆ 光学经纬仪的认识与使用记录表

仪器型号：　　　　　　　　天气：　　　　　　　　观测者：

日　期：　　　　　　　　成像：　　　　　　　　记录者：

测站	目标	盘位	水平度盘读数	半测回角值	一测回角值	各测回平均角值	备注
1	2	3	4	5	6	7	8

实验报告

日期： 班级： 组别： 姓名： 学号：

实验名称	
实验目的	
实验器具	

一、填空

1. 经纬仪的使用包括_____、_____、_____和_____等四个操作步骤。

2. 对中的目的是使_____和_____位于同一铅垂线上。

3. 整平的目的是使_____铅垂，_____处于水平位置。

4. DJ$_6$型光学经纬仪主要由_____、_____和_____三部分组成。

二、写出下图中编号对应的各部件的名称

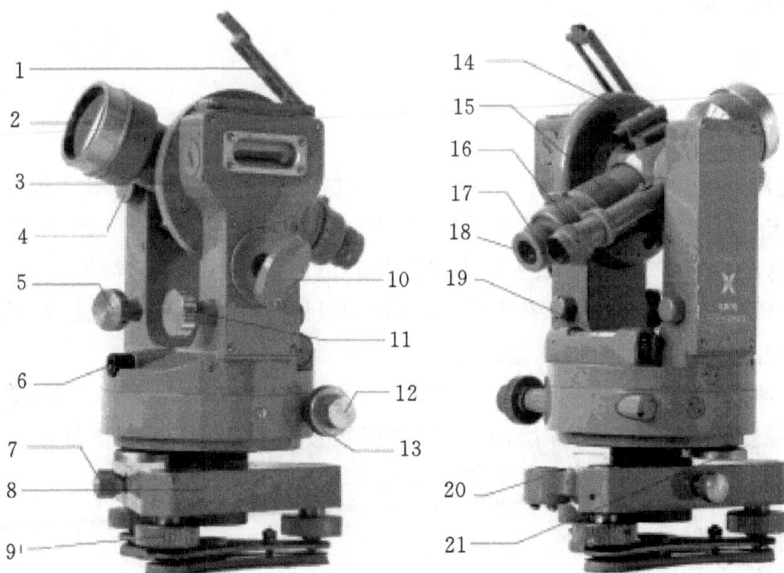

三、实验心得

实验六　测回法观测水平角

一、实验目的

(1)进一步熟悉 DJ₆ 光学经纬仪的使用。

(2)掌握测回法测量水平角的记录及计算。

二、实验器具

每组借领光学经纬仪 1 台,脚架 1 个,记录板 1 块,测钎 2 根。

三、实验内容

在指定场地选择三个点,构成一个三角形,用测回法测量任意两个内角,每个角度测两个测回。

四、安排时数

课内 2 学时。

五、实验步骤

(1)将仪器安置在测站上,对中、整平后,以盘左位置照准左目标,用度盘变换手轮使起始读数略大于 $0°00'00''$,关上度盘手轮保险,将起始读数记入手簿;松开水平制动螺旋,顺时针转动照准部瞄准右方目标,读取水平度盘读数并记入手簿,称"上半测回"。

(2)倒转望远镜,逆时针转动照准部再次瞄准右目标,读取水平度盘读数,然后逆时针转动照准部瞄准左目标,读取水平度盘读数,称"下半测回"。

(3)第一测回完成后,检查水准管气泡是否偏离;若气泡偏离值大于 1 格,则需重新整平仪器再测第二测回。第二测回开始前,根据测回数设置起始读数,再重复第一测回的各步骤。当两个测回间的角值差不超过 $24''$ 时,再取平均值。

六、限差要求

(1)对中误差小于 3 mm,长水准管气泡偏离不超过一格。

(2)上、下半测回角值差不超过 $40''$,各测回角值差不超过 $24''$。

七、注意事项

(1)一测回观测过程中,当水准管气泡偏离值大于 1 格时,应整平后重测。

(2)观测目标不应过大,否则以单丝平分目标或双丝夹住目标均有困难。

(3)瞄准目标时,尽可能瞄准目标底部,以减少目标倾斜引起的误差。

(4)测 n 个测回时,各测回应以 $180°/n$ 作为间隔来改变起始方向读数。

八、思考题

(1)用经纬仪观测水平角时,为什么要用盘左和盘右观测,且取平均值?

(2)测回间为何变换水平度盘的起始值?

(3)测量水平角时,为何尽可能瞄准目标底部?

表 2-6　测回法观测水平角记录表

仪器型号：				天气：		观测者：		
日　期：				成像：		记录者：		
测站	测回	目标	盘位	水平度盘读数	半测回角值	一测回角值	各测回平均角值	备注
1	2	3	4	5	6	7	8	9
	第一测回		左					
			右					
	第二测回		左					
			右					
	第一测回		左					
			右					
	第二测回		左					
			右					
	第一测回		左					
			右					
	第二测回		左					
			右					
	第一测回		左					
			右					
	第二测回		左					
			右					

实验报告

日期：　　　　　班级：　　　　　组别：　　　　　姓名：　　　　　学号：

实验名称	
实验目的	
实验器具	
实验场地布置草图	
实验的主要步骤	
实验心得	

实验七　全圆观测法观测水平角

一、实验目的

(1)进一步熟悉 DJ₆ 光学经纬仪的使用。

(2)掌握全圆观测法测量水平角的观测、记录及计算。

二、实验器具

每组借领光学经纬仪 1 台,脚架 1 个,记录板 1 块,测钎 4 根。

三、实验内容

练习用全圆观测法测量水平角。

四、安排时数

课内 2 学时

五、实验步骤

(1)如图 2-9 所示,将仪器安置在测站 O 上,对中、整平后,选择一个通视良好,目标清晰的方向作为起始方向(零方向)。

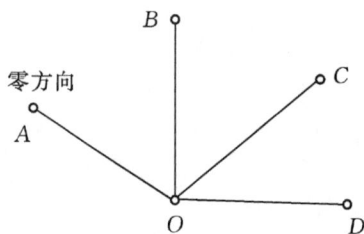

图 2-9　全圆观测法示意图

(2)盘左观测。先照准起始方向(称为 A 点),使度盘读数略大于 $0°00'00''$,读数记入手簿;然后顺时针转动照准部依次瞄准 B、C、D、A 点,将读数记入手簿。A 点两次读数之差称为上半测回归零差,其值应小于 $18''$。

(3)倒转望远镜,盘右观测。从 A 点开始,逆时针依次瞄准 D、C、B、A,读数记入手簿。A 点两次读数差称为下半测回归零差。

(4)根据观测结果计算 $2C$ 值和各方向平均读数,再计算归零后的方向值。

(5)同一测站、同一目标各测回归零后的方向值之差应小于 $24''$。

六、限差要求

(1)对中误差小于 3 mm,长水准管气泡偏离不超过一格。

(2)半测回归零差不大于 18″,各测回同一方向值互差不大于 24″。

七、注意事项

(1)一测回观测过程中,当水准管气泡偏离值大于 1 格时,应整平后重测。

(2)水平角观测同一测回时,切勿碰动度盘变换手轮,以免发生错误。

(3)观测目标不应过大,否则以单丝平分目标或双丝夹住目标均有困难。

(4)瞄准目标时,尽可能瞄准目标底部,以减少目标倾斜引起的误差。

八、思考题

(1)在一个测站上,用全圆观测法观测水平角时为什么必须归零?

(2)何谓归零差?何谓测回差?

(3)测回法和全圆观测法有何区别?

(4)为何要配置水平度盘读数?

表 2-7　全圆观测法测水平角记录表

仪器型号：　　　　　　　　　　天气：　　　　　　　　观测者：

日　　期：　　　　　　　　　　成像：　　　　　　　　记录者：

测站	测回数	目标	水平度盘读数		2C	平均读数	归零后方向值	各测回归零后方向平均值	备注
			盘左	盘右					
1	2	3	4	5	6	7	8	9	10

实验报告

日期：　　　　　班级：　　　　　组别：　　　　　姓名：　　　　　学号：

实验名称	
实验目的	
实验器具	
实验场地布置草图	
实验的主要步骤	
实验心得	

实验八　竖直角测量和竖盘指标差测定

一、实验目的

(1)掌握竖直角观测、记录和计算的方法。

(2)掌握竖盘指标差的计算方法。

二、实验器具

每组借领光学经纬仪 1 台,脚架 1 个,记录板 1 块,测钎 1 根。

三、实验内容

在指定测站测量两个以上目标点的竖直角,各 1 个测回。

四、安排时数

1 学时。

五、实验步骤

1. 认识和使用与竖盘有关的部件及螺旋

(1)安置:在场地上安置经纬仪,整平。

(2)认识:了解竖盘特点和竖盘指标水准管及其微动螺旋等的作用和使用方法。

(3)照准:松开照准部和望远镜制动螺旋,通过望远镜瞄准目标,旋紧制动螺旋,再旋转微动螺旋,使十字丝中横丝与目标顶端(或需要测量竖直角的部位)精确相切。

(4)读数:旋转竖盘指标水准管微动螺旋,使指标水准管气泡居中,仍采用分微尺读数方法,读取读数窗下方注有"V"的竖直度盘读数(估读至 $0.1'$)。

2. 竖直角测量

(1)盘左,瞄准目标 A,以中丝与目标顶端相切,使指标水准气泡居中,读取竖盘读数为 L,计算盘左竖直角值 $\alpha_L = 90° - L$。

(2)倒转望远镜成盘右,仍以中横丝与目标 A 顶端相切,使指标水准管气泡居中,读取竖盘读数为 R,计算盘右竖直角值 $\alpha_R = R - 270°$。

(3)计算一个测回角度平均值为

$$\alpha = \frac{\alpha_L + \alpha_R}{2} \tag{2-1}$$

在上述观测的同时,将读数和计算值记入表 2-8 相应的栏目中。

(4)按相同的步骤测定目标 B 的竖直角。

3. 竖盘指标差测定

根据观测所得同一目标盘左、盘右竖直角值,或盘左和盘右的竖盘读数,代入式(2-2)计算竖盘指标差:

$$x = \frac{\alpha_R - \alpha_L}{2} = \frac{(L + R) - 360°}{2} \tag{2-2}$$

六、限差要求

(1)同一目标各测回竖直角互差不超过±25″。

(2)DJ₆型光学经纬仪竖盘指标差之间的较差应不超过±30″。

七、注意事项

(1)找准目标时,盘左盘右必须均照准目标的顶端或同一部位。

(2)凡装有竖盘指标水准管的经纬仪,必须旋转指标水准管微动螺旋使气泡居中,方能进行竖盘读数。

(3)算得的竖直角和指标差应带有符号,尤其是负值的"一"号不能省略。

(4)如测量两个以上目标(或同一目标多个测回)的竖直角,可以根据各自算得竖盘指标差之间的较差,检查观测成果的质量。

八、思考题

何谓指标差?如何测定?

表 2-8　竖直角观测记录表

仪器型号：　　　　　　　　天气：　　　　　　　观测者：
日　　期：　　　　　　　　成像：　　　　　　　记录者：

测站	目标	竖盘位置	竖盘读数 ° ′ ″	半测回竖直角值 ° ′ ″	指标差/(″)	一测回竖直角值 ° ′ ″	备注

实验报告

日期：　　　　　班级：　　　　　组别：　　　　　姓名：　　　　　学号：

实验名称	
实验目的	
实验器具	
实验场地布置草图	
实验主要步骤	
实验心得	

实验九　光学经纬仪的检验与校正

一、实验目的

(1)通过实验掌握经纬仪应满足的几何条件,并检验这些几何条件是否满足要求。

(2)初步掌握照准部水准管、视准轴、十字丝和竖盘指标水准管的校正方法。

二、实验器具

每组借领 DJ$_2$ 光学经纬仪 1 台,脚架 1 个,记录板 1 块,校正工具 1 套。

三、实验内容

(1)照准部水准管的检校。

(2)十字丝的检校。

(3)视准轴的检校。

(4)横轴的检校。

(5)竖盘指标差的检校。

四、安排时数

2 学时。

五、实验步骤

1. 水准管轴应垂直于竖轴的检验校正

检验:将经纬仪按常规方法整平,使照准部水准管平行于一对脚螺旋的连线,调节这两个脚螺旋,使水准管气泡严格居中,再将仪器旋转 180°,观测气泡位置,若气泡仍居中,则表明满足条件,否则应校正。

校正:当气泡不居中时,转动平行于水准管的两个脚螺旋,使气泡退回偏离中心的一半,然后用校正针拨动位于水准管一端的校正螺丝使气泡居中,将仪器再旋转 90°,再转动另一脚螺旋使气泡严格居中。此项检验校正需反复进行,直至水准管气泡偏离不超过半格为止。

2. 十字丝的竖丝垂直于横丝的检验校正

检验:整平仪器,使十字丝竖丝最上端精确瞄准远处一明显目标,固定水平制动螺旋和望远镜制动螺旋,徐徐转动望远镜上下微动螺旋,若目标点始终不离开竖丝,说明满足要求,否则应校正。

校正:用钟表起子,松开固定十字丝环的四颗螺丝,轻轻转动十字丝环,使横丝水平。此项检验校正需反复进行,直到满足要求为止。校正后一定要把固定螺丝旋紧。

3. 视准轴应垂直于横轴的检验校正

检验:整平仪器,使望远镜大致水平,盘左位置瞄准一目标,读得水平度盘读数 M_1,倒转望远镜,以盘右位置瞄准原目标,读得水平度盘读数 M_2,若 $M_1 = M_2 \pm 180°$,则表示条件满足;若 $M_1-(M_2\pm180°)$ 的绝对值大于 $2'$,则应校正。

校正:首先计算盘右位置观测原目标的正确读数:

$$M'=\frac{M_2+(M_1\pm180°)}{2}$$

然后,转动照准部水平微动螺旋,使水平度盘读数指标指在 M' 读数上,这时望远镜十字丝竖丝必偏离目标,拨动十字丝环的左右两个校正螺丝,松一个紧一个,使十字丝竖丝对准原目标为止。

4. 横轴应垂直于竖轴的检验与校正

检验:在距离墙壁 $10\sim20$ m 远的地方安置经纬仪,盘左位置用望远镜瞄准墙壁高处一明显目标点 A,固定照准部,将望远镜往下放平,在墙上标出一点 a_1;盘右位置再瞄准 A 点,再将望远镜往下放平,在墙上标出一点 a_2,若点 a_1 和点 a_2 重合,则满足要求。若点 a_1 和点 a_2 不重合,则横轴不垂直于竖轴,其误差用 i 表示:

$$i=\frac{\Delta\cdot\cot\alpha}{2S}\rho''$$

式中:Δ——点 a_1 和点 a_2 间的距离;

$\quad\alpha$——竖直角;

$\quad S$——仪器到墙的距离。

DJ_6 光学经纬仪的 i 角大于 $30''$ 时,必须进行校正。

校正:用十字丝交点照准 a_1a_2 的中点,然后将望远镜上翘到和 A 点同高的位置;取下左边支架盖板(盘右时),松开偏心环(轴瓦)的固定螺丝,转动偏心环,使十字丝交点对准 A 点。最后拧紧偏心环固定螺丝,盖上护盖。

5. 竖盘指标差为 0 的检验校正

检验:安置经纬仪并瞄准远方一明显目标,测量其竖直角一测回并算出指标差 x,对于 DJ_6 仪器,当 x 角绝对值大于 $1'$ 时,需进行校正。

校正:根据检验时的读数,L 或 R 以及计算出的指标差 x,计算盘左时的正确读数 L_0 或盘右时的正确读数 R_0,$L_0=L+x$,$R_0=R-x$,以盘右或盘左位置,瞄准原检验时的目标,转动竖盘指标水准管微动螺旋,使指标对准盘右或盘左的正确读数,此时指标水准管气泡必不居中,用校正针拨动指标水准管的上下校正螺丝,使气泡居中。此校正需反复进行,直到满足要求为止。

六、注意事项

(1)爱护仪器,不得随意拧动仪器的各个螺丝。

(2)需要校正时,应向指导教师说明仪器的计算方法和应当校正的方法,同意后方可进行。

(3)要按实验步骤进行检校,不能颠倒顺序。在确认检验数据无误后,才能进行校正。

七、思考题

(1)为什么要对仪器进行检验校正?

(2)DJ_6 光学经纬仪的检验校正包括哪几项?

实验报告

日期： 班级： 组别： 姓名： 学号：

实验名称	
实验目的	
实验器具	
照准部水准管轴垂直于竖轴的检验方法	
十字丝竖丝垂直于仪器横轴的检验方法	
望远镜视准轴垂直于横轴的检验方法	
横轴垂直于竖轴的检验方法	
竖盘指标差为0的检验方法	
实验心得	

实验十　DJ$_2$型光学经纬仪的认识与使用

一、实验目的

(1)了解 DJ$_2$ 光学经纬仪的基本构造,各部件的名称及作用。

(2)区分 DJ$_2$ 光学经纬仪与 DJ$_6$ 光学经纬仪的异同。

(3)掌握 DJ$_2$ 光学经纬仪的安置方法和读数方法。

二、实验器具

每组借领 DJ$_2$ 光学经纬仪 1 台,脚架 1 个,测钎 2 根,记录板 1 块。

三、实验内容

观测两个角度。

四、安排时数

课内 1 学时。

五、实验步骤

(1)各组在制定场地选定测站点并设置点位标记。

(2)仪器开箱后,仔细观察并记住仪器在箱中的位置,取出仪器并连接在三脚架上,旋紧中心连接螺旋,及时关好仪器箱。

(3)认识 DJ$_2$ 光学经纬仪各部分名称和作用。

(4)对中、整平。DJ$_2$ 光学经纬仪的对中整平与 DJ$_6$ 光学经纬仪相同。

(5)瞄准。DJ$_2$ 光学经纬仪与 DJ$_6$ 光学经纬仪相同。

(6)读数。

①数字化读数系统的读数方法。

如图 2－10 所示,读数时,先转动测微轮,使正、倒像的度盘分划线精确重合。先读度和整 $10'$ 的注记,再读不足整 $10'$ 的分及秒,然后二者相加即可。图 2－10 中,图 2－10(a)读数

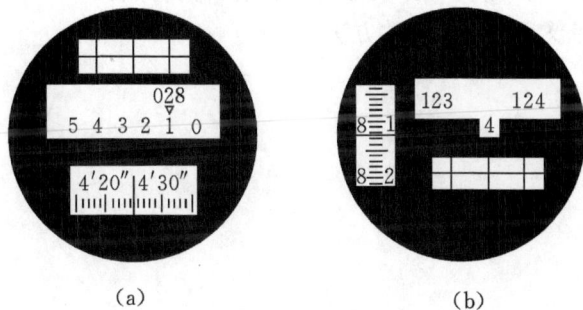

(a)　　　　　　　　　　　(b)

图 2－10　数字化读数系统

为 $28°14'24''.3$,图 2 - 10(b)读数为 $123°48'12''.4$。

②对径符合读数装置的读数方法。

如图 2 - 11 所示,读数时,先转动测微轮,使正、倒像的度盘分划线精确重合,然后找出邻近的正、倒像相差 180°的两条分划线,并注意正像应在左侧,倒像在右侧,正像分划的数字就是度盘的度数;再数出正像分划线与倒像分划线间的格数,乘以度盘分划值的一半(因正、倒像相对移动),即得度盘上应读取的 $10'$ 数;不足 $10'$ 的分数和秒数,应从左边小窗中的测微尺上读取。如图 2 - 11(a)中,竖直度盘上读数为 135°,整 $10'$ 数为 $00'$,测微尺上的分、秒数为 $2'02''.3$,以上三数之和 $135°02'02''.3$ 即为度盘的整个读数。同法,图 2 - 11(b)中的水平度盘读数为 $22°56'57''.5$。

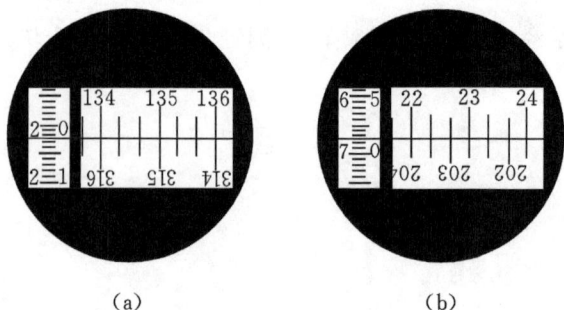

(a)   (b)

图 2 - 11 对径符合读数系统

六、限差要求

两次读数之差 $\leqslant \pm 3''$。

七、注意事项

(1)在十字丝照准目标时,水平微动螺旋的转动方向应为旋进方向。

(2)用测微轮使度盘对径分划线重合时,测微轮的转动方向应为旋进方向。

八、思考题

(1)与 DJ_6 光学经纬仪比较,DJ_2 光学经纬仪有哪些特点?

(2)DJ_2 光学经纬仪有哪几种读数方法?

实验报告

日期：　　　　　班级：　　　　　组别：　　　　　姓名：　　　　　学号：

实验名称	
实验目的	
实验器具	

一、填空

1. 在 DJ_2 型光学经纬仪读数显微镜中，只能看到水平度盘和竖直度盘中的一种影像，读数时，通过转动_____，使读数显微镜中出现需要读数的度盘影像。

2. DJ_2 光学经纬仪采用对径符合读数装置，相当于读取度盘对径相差180°处的两个读数的平均值，可以_____的影响，提高读数精度。

二、写出下图中编号对应的各部件的名称

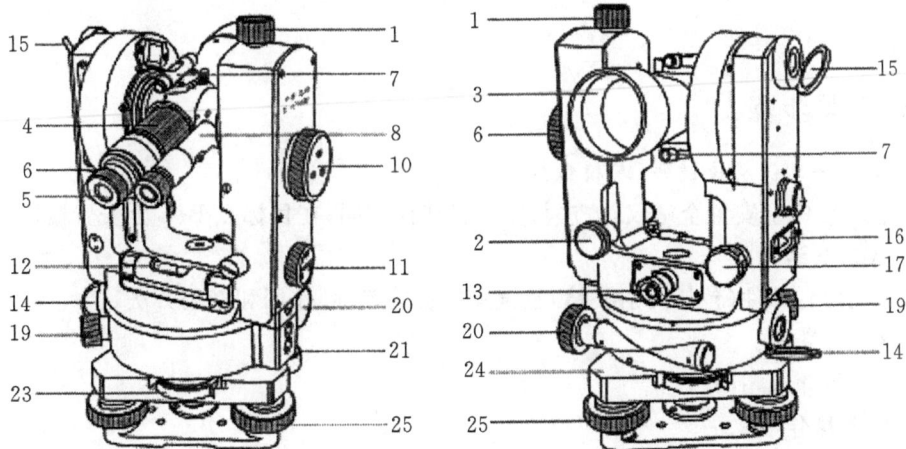

三、实验心得

实验十一　全站仪角度、距离和高差测量

一、实验目的

（1）了解全站仪各部件及键盘按键的名称和作用。
（2）掌握全站仪的安置和使用方法。
（3）掌握全站仪进行角度测量、距离测量和高差测量的方法。

二、实验器具

每组借领全站仪 1 台（包括反射棱镜、棱镜架）、三脚架 1 个，记录板 1 块。

三、实验内容

测量角度、距离和高差。

四、安排时数

课内 2 学时。

五、实验步骤

1. 安置全站仪及棱镜架（或棱镜杆）
在测站点 O 上安置全站仪，方法与安置经纬仪相同；在目标点 B、C 上安置棱镜。

2. 认识全站仪
了解仪器各部件（包括反射棱镜）及键盘按键的名称、作用和使用方法。

3. 对中、整平
与普通经纬仪相同。

4. 仪器操作
（1）开机自检。打开电源，进入仪器自检（有的全站仪需要纵转望远镜一周，进行竖直度盘初始化，即使竖直度盘指标自动归于零位）。

（2）输入参数。包括棱镜常数、气象参数（温度、气压、湿度）等。

（3）选定模式。包括角度测量模式或距离测量模式。

（4）角度测量。按角度测量键【ANG】，进入角度测量模式。

①照准后视目标 A，其方向只配置有以下三种：

第一种，直接置零，在角度模式下按【置零】键，使水平度盘设置为 $0°00'00''$；

第二种，锁定配置，转动照准部，再通过旋转水平微动螺旋使水平度盘读数等于所需要的方向值，然后按【锁定】键，再照准后视目标按【ENT】键确认；

第三种，键盘输入，照准后视目标后按【置盘】键，依显示屏提示，通过键盘输入所需要的方向值。

②转动照准部照准 B 目标棱镜中心，显示该目标的水平方向值 HR 及天顶距 V。

③转动照准部照准 C 目标棱镜中心,显示该目标的水平方向值 HR 及天顶距 V。

(5)距离测量。按距离测量键,进入距离测量模式(按【模式】键可对测距模式:单次测量/连续测量/跟踪测量进行转换,一般选择单次测量),即使模式显示为【1】。

①找准目标 B 棱镜中心,按【测量】键,测量至 B 点距离,重复按距离测量键可以切换显示模式:

(HR,HD,VD)模式,显示水平方向、水平距离、仪器中心至目标棱镜中心高差;

(V,HR,SD)模式,显示天顶距、水平方向、倾斜距离。

②找准目标 C 棱镜中心,重复上述步骤测量至 C 点距离。

以上内容可先以盘左位置进行练习,再以盘右位置进行练习,测量数据记录于表 2－9。测量完毕关机。

六、限差要求

记录、计算一律取至秒。

七、注意事项

(1)使用全站仪时必须严格遵守操作规程,爱护仪器。

(2)仪器对中完成后,应检查连接螺旋是否使仪器与脚架牢固连接,以防仪器摔落。

(3)在阳光下使用全站仪测量时,一定要撑伞遮掩仪器,严禁用望远镜正对阳光。

(4)当电池电量不足时,应立即结束操作,更换电池。在装卸电池时,必须先关闭电源。

(5)迁站时,即使距离很近,也必须取下全站仪装箱搬运,并注意防振。

八、思考题

(1)全站仪主要由哪几部分组成?

(2)与传统经纬仪相比,全站仪有哪些测量功能?

表 2-9　全站仪角度、距离和高差测量记录表

测站	目标	盘位	角度(° ′ ″)		距离/高差/m	
		左	水平角		平距	
			竖直角		斜距	
			天顶距		高差	
		右	水平角		平距	
			竖直角		斜距	
			天顶距		高差	
		左	水平角		平距	
			竖直角		斜距	
			天顶距		高差	
		右	水平角		平距	
			竖直角		斜距	
			天顶距		高差	
		左	水平角		平距	
			竖直角		斜距	
			天顶距		高差	
		右	水平角		平距	
			竖直角		斜距	
			天顶距		高差	
		左	水平角		平距	
			竖直角		斜距	
			天顶距		高差	
		右	水平角		平距	
			竖直角		斜距	
			天顶距		高差	
		左	水平角		平距	
			竖直角		斜距	
			天顶距		高差	
		右	水平角		平距	
			竖直角		斜距	
			天顶距		高差	
		左	水平角		平距	
			竖直角		斜距	
			天顶距		高差	
		右	水平角		平距	
			竖直角		斜距	
			天顶距		高差	

实验报告

日期： 　　　班级： 　　　组别： 　　　姓名： 　　　学号：

实验名称	
实验目的	
实验器具	
实验场地布置草图	
实验主要步骤	
实验心得	

实验十二　全站仪坐标测量

一、实验目的

(1)熟练地进行全站仪的安置和使用。

(2)掌握全站仪测定坐标的方法。

二、实验器具

每组借领全站仪1台(包括反射棱镜、棱镜架)、三脚架1个,记录板1块。

三、实验内容

测量待定点三维坐标。

四、安排时数

课内1学时。

五、实验步骤

1. 安置全站以及棱镜

在测站点 O 上安置全站仪,量仪器高 i,在三个目标 B、C、D 上安置棱镜架,仪器的开机、对中、整平等操作同实验十一。

2. 三维坐标测量

在坐标测量模式测定新点坐标:

(1)按键进入坐标测量模式,进第2页,按【仪高】键,输入测站仪器高;按【镜高】键,输入 B 点棱镜高,按【测站】键,输入测站点 O 坐标 (N_O,E_O,Z_O)。进第3页,按【后视】键,输入后视点 A 坐标 (N_A,E_A,Z_A),回车,照准后视点 A,若照准则按【是】键(说明:在坐标测量开始时,也可按【角度测量】键,进入角度测量模式,转动望远镜照准后视点 A,按【置盘】键,输入后视方位角,亦可完成后视方位角的设置),按【F4】键进坐标测量第1页,照准 B 点棱镜中心,按【F1】键测量,显示 B 点三维坐标 (N_B,E_B,Z_B)。

(2)输入 C 点棱镜高(其他已输入的测站坐标、仪器高和后视方向值等无需重新输入),照准 C 点棱镜中心,按【F1】键测量,显示 C 点三维坐标。

(3)输入 D 点棱镜高,照准 D 点棱镜中心,按【F1】键测量,显示 D 点三维坐标。但坐标测量时,若还需盘右观测,仍应先照准后视点,且将其水平度盘方向值设置为后视方位角 α_{OA},否则该方向值将自行 $\pm 180°$,从而导致结果出错。

六、注意事项

(1)本实验步骤里提到的全站仪是南方测绘NTS-312型全站仪。

(2)不同厂家、不同型号的全站仪结构大同小异,但操作方法有所不同,使用前需仔细阅读使用说明书。

七、思考题

(1)全站仪测坐标采用的是什么原理？

(2)全站仪测坐标为何需瞄准后视点定向？

表 2-10　全站仪坐标测量记录表

仪器型号：　　　　　　　　　天气：　　　　　　　　观测者：
日　　期：　　　　　　　　　成像：　　　　　　　　记录者：

测站	后视	目标	盘位	坐标/m		盘位	坐标/m	
O	A	B	左	N		右	N	
				E			E	
				Z			Z	
		C	左	N		右	N	
				E			E	
				Z			Z	
		D	左	N		右	N	
				E			E	
				Z			Z	
			左	N		右	N	
				E			E	
				Z			Z	
			左	N		右	N	
				E			E	
				Z			Z	
			左	N		右	N	
				E			E	
				Z			Z	
			左	N		右	N	
				E			E	
				Z			Z	
			左	N		右	N	
				E			E	
				Z			Z	
			左	N		右	N	
				E			E	
				Z			Z	
			左	N		右	N	
				E			E	
				Z			Z	
			左	N		右	N	
				E			E	
				Z			Z	

实验报告

日期：　　　　班级：　　　　组别：　　　　姓名：　　　　学号：

实验名称	
实验目的	
实验器具	
实验场地布置草图	
实验的主要步骤	
实验心得	

实验十三　四等水准测量

一、实验目的

(1)学会四等水准测量的作业过程。

(2)熟悉等级水准测量和普通水准测量的异同点。

(3)练习水准测量的记录和计算方法。

二、实验器具

每组借领 DS₃ 水准仪一台、双面水准尺 1 对、三脚架 1 个、尺垫 2 个、测伞 1 把、记录板 1 块。

三、实验内容

每组完成一条长度为 500～600 m 的闭合水准路线的四等水准测量,每人独自完成其内业计算。

四、安排时数

课内 2 学时(内业计算课外完成)。

五、实验步骤

(1)施测一条闭合水准路线。人员分工是:两人扶尺,一人观测,一人记录,施测三、四站后轮换工种。

(2)在一测站上水准仪照准双面水准尺的顺序为(如表 2-11 所示):

后视黑面尺,读取下丝读数(1)、上丝读数(2)和中丝读数(3);

前视黑面尺,读取下丝读数(4)、上丝读数(5)和中丝读数(6);

前视红面尺,读取中丝读数(7);

后视红面尺,读取中丝读数(8)。

以上观测顺序简称为"后前前后"(黑、黑、红、红)。

四等水准测量每站观测顺序也可以为:后后前前(黑、红、黑、红)。

(3)测站上以及观测结束后的计算与校核如下:

①视距计算。

后视距:(9)＝[(1)－(2)]×100

前视距:(10)＝[(4)－(5)]×100

前、后视距差:(11)＝(9)－(10)

前、后视距差累积数:(12)＝前一站(12)＋ 本站(11)

②高差计算。

同一水准尺红、黑面中丝读数的检核:

同一水准尺红、黑面中丝读数之差应等于该尺红、黑面常数差 K（4.687 或 4.787），其差数按下式计算：

$$(13) = K - [(7) - (6)]$$
$$(14) = K - [(8) - (3)]$$

(13)、(14)应等于零,不符值应满足要求。

计算黑面高差和红面高差：

黑面高差(15) = (3) - (6)

红面高差(16) = (8) - (7)

红、黑面高差之差(17) = (15) - (16)

(17)的值应符合技术要求。

计算平均值：

平均高差为(18) = [(15) + (16)]/2,平均高差计算到 0.5 mm。

③每页计算检核。

四等水准测量中,为了检验计算的正确性,需要进行每页的检核。

高差部分：

按页分别计算后视红、黑面读数总和与前视读数总和之差,其值应等于红、黑面高差之和。

$$\sum[(3) + (8)] - \sum[(6) + (7)] = \sum[(15) + (16)] = 2\sum(18)$$

视距部分：

后视距总和与前视距总和之差,应等于末站视距差累积数,即

$$\sum(9) - \sum(10) = 末站(12)$$

检核无误后应算出总视距,即

$$总视距 = \sum(9) + \sum(10)$$

六、限差要求

(1)前、后视距差：±5 mm。

(2)前、后视距累计：±10 mm。

(3)红、黑面中丝读数差(黑＋K－红)：±3 mm。

(4)红、黑面高差之差：±5 mm。

七、注意事项

(1)水准尺应完全立直,最好用有圆水准器的水准尺。

(2)双面水准尺每两根为一组,其中一根尺常数 $K_1 = 4.687$ m,另一根尺常数 $K_2 = 4.787$ m,两尺红面的读数相差 0.1 m。观测过程中,两根尺应交替使用,即后变前,前变后,不能乱弄。

(3)四等水准测量的记录和计算比较复杂,要多想多练,步步校核。

(4)每站观测结束,应立即进行计算和检核,若有超限,则应重测该站。全线路观测完毕,线路高差闭合差在容许范围以内,方可收测,结束实验。

表 2 - 11 四等水准测量观测记录表

仪器型号：　　　　　　　　天气：　　　　　　　　观测者：

日　　期：　　　　　　　　成像：　　　　　　　　记录者：

测站编号	后尺	下丝	前尺	下丝	方向及尺号	标尺读数/m		基+K减辅	备注
		上丝		上丝		基本分划	辅助分划		
	后距/m		前距/m						
	视距差 d/m		$\sum d$/m						
	(1)		(4)		后	(3)	(8)	(14)	
	(2)		(5)		前	(6)	(7)	(13)	
	(9)		(10)		后-前	(15)	(16)	(17)	
	(11)		(12)		h			(18)	
									1 号尺 $K_1=4787$
									2 号尺 $K_2=4687$

实验报告

日期：　　　　　班级：　　　　　组别：　　　　　姓名：　　　　　学号：

实验名称	
实验目的	
实验器具	
实验场地布置草图	
实验的主要步骤	
实验心得	

实验十四　三角高程测量

一、实验目的

掌握三角高程测量的方法,能够熟练地计算水平距离和高差。

二、实验器具

每组借领经纬仪一台、三脚架一个、钢尺一把、花杆一根。

三、实验内容

在高低起伏较大的地区选择 A、B 两个点,测量两点之间的高差和距离。

四、安排时数

1 学时。

五、实验步骤

1. 安置仪器

在 A 点安置经纬仪,对中、整平,用钢尺测量仪器高 i。

2. 立花杆

在 B 点立花杆,用钢尺量取花杆高度 v。

3. 测量

精确整平仪器后,测出视线到花杆顶端的距离,然后盘左、盘右观测读取竖直度盘读数 L、R,计算竖直角。

4. 返测

将经纬仪搬至 B 点,按照往测的方式,重复以上步骤,进行返测。

六、限差要求

竖盘指标差不应超过 $\pm 25''$。

七、注意事项

当两点距离较远时,应考虑地球曲率和大气折光的影响。

八、思考题

(1)什么情况下使用三角高程测量?
(2)三角高程测量的原理是什么?

表 2 - 12　三角高程记录表

仪器型号：　　　　　　　　　　天气：　　　　　　　　　观测者：
日　　期：　　　　　　　　　　成像：　　　　　　　　　记录者：

测站	觇法	仪器高/m	目标	目标高/m	中丝读数/m	盘位	竖盘读数/(°′″)	指标差/(°′″)	半测回竖直角/(°′″)	一测回竖直角/(°′″)	水平距离/m	高差 h/m	平均高差/m	备注
	直觇													
	反觇													
	直觇													
	反觇													
	直觇													
	反觇													
	直觇													
	反觇													

实验报告

日期：　　　　　班级：　　　　　组别：　　　　　姓名：　　　　　学号：

实验名称	
实验目的	
实验器具	
实验场地布置草图	
实验的主要步骤	
实验心得	

实验十五 经纬仪测绘法测图

一、实验目的

(1)了解大比例尺地形图测绘的基本程序。

(2)掌握经纬仪测绘法测图的操作要领。

二、实验器具

每组借领经纬仪一台、三脚架 2 个、图板 1 个、标尺 1 根、皮尺 1 把、量角器 1 个、记录板 1 块。

三、实验内容

每人测定 4 个以上地物或地貌特征点,并展绘到图纸上。

四、安排时数

2 学时。

五、实验步骤

(1)安置仪器:将经纬仪安置于测站点(控制点 A)上,量取仪器高 i,填入记录手簿。

(2)定向:后视另一控制点,置水平度盘读数 $0°00'00''$。

(3)立尺:立尺员依次将尺立在地物、地貌特征点上。立尺前,立尺员应弄清实测范围和实地情况,选定立尺点,并与观测员、绘图员共同拟定跑尺路线。

(4)观测:转动照准部,瞄准点 1 的标尺,读取视距间隔 l,中丝读数 v,竖盘读数 L 和水平角 β。

(5)记录:将测得的视距间隔、中丝读数、竖盘读数和水平角依次填入手簿,如表 2-13 所示。对于有特殊意义的碎部点,如房角、山脚、电杆等,应在备注中加以说明。

(6)计算:依据视距间隔 l、竖直角、仪器高、中丝读数用计算器计算出碎部点的水平距离和高程。

(7)展绘碎部点:用细针将量角器的圆心钉在图上测站点 a 处,转动量角器,将量角器上等于 β 角值的刻划线对准起始方向线 ab,此时量角器的零方向便是碎部点 1 的方向,然后用测图比例尺按测得的水平距离在该方向上定出点 1 的位置,并在点的右侧注明其高程值。

同法,测出其余各碎部点的平面位置和高程,绘于图上,并随测随绘等高线和地物。

六、注意事项

(1)标尺要立正,不要前后左右倾斜。

(2)起始方向选好后,经纬仪定向时一定要严格将水平度盘设置成 $0°00'00''$,观测时要经常进行检查。

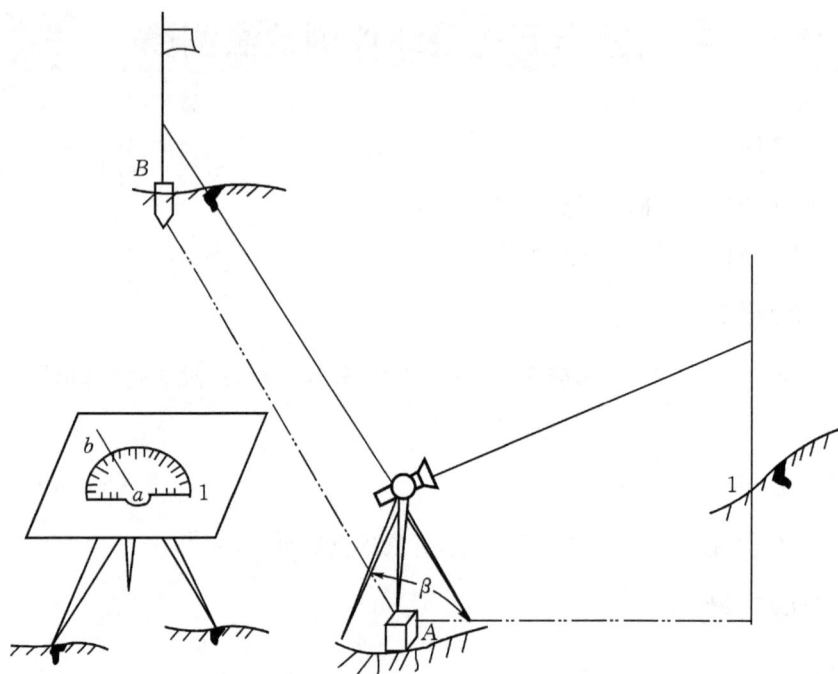

图 2-12 经纬仪测绘法

(3)在读取竖盘读数前,应使竖盘指标水准管气泡居中。

(4)测图中要保持图纸干净,尽量少画没用的直线。

七、思考题

(1)测图前需做哪些准备工作?

(2)为什么每测上 20~30 个碎部点后,应对起始方向进行检查?

表 2-13 经纬仪测绘法记录表

仪器型号：　　　　　　　　　　天气：　　　　　　　　　观测者：
日　　期：　　　　　　　　　　成像：　　　　　　　　　记录者：
测　　站：A　　　　　　　　　后视点：B　　　　　　　仪器高：$i=1.42\text{ m}$
指标差 $x=0$　　　　　　　　　测站高程：150.40 m

点号	视距间隔 /m	中丝读数 v /m	竖盘读数 L /(° ′ ″)	竖直角 α /(° ′ ″)	初算高差 h/m	改正数 $i-v$ /m	改正后高差 h /m	水平角 β /(° ′ ″)	水平距离 D /m	高程 H /m	备注

实验报告

日期：　　　　　　班级：　　　　　组别：　　　　　　姓名：　　　　　学号：

实验名称	
实验目的	
实验器具	
实验场地布置草图	
实验的主要步骤	
实验心得	

实验十六　数字地形图测绘

一、实验目的

(1)了解 CASS 软件的使用方法。

(2)能够熟练地使用全站仪+CASS 软件测绘数字地形图。

二、实验器具

每组借领全站仪一台、三脚架 1 个、棱镜 1 个、棱镜杆 1 个、2 m 小钢尺 1 把、测伞 1 把、记录板 1 块。

三、实验内容

每组在实地 60 m×40 m 范围内完成一小幅比例尺为 1∶500 的数字地形图。

四、安排时数

课内 4 学时(外业数据采集和内业绘图各 2 学时)。

五、实验步骤

1. 外业数据采集

(1)在道路一边设测量控制点 A、B,假设其三维坐标。以 A 为测站点,B 为后视点,安置全站仪,对中、整平、开机,对测距模式、测量次数、存储形式等参数进行设置,量取仪器高 i,将 A、B 点的三维坐标以坐标文件的形式存入全站仪。

(2)进入数据采集菜单,调用上述坐标文件设置测站点、后视点,输入测站点点名、仪器高,及后视点点名、棱镜高,照准后视点,予以确认。

(3)在测站四周选择地物、地貌特征点,按数据采集测定待测点的方法依次对各碎部点进行测量,将测定的三维坐标存入坐标数据文件。同时,绘制作业草图。

2. 数据传输与转换

(1)将全站仪通过通信电缆与电脑相连接。运行 CASS 软件,移动鼠标至菜单"数据通讯"项的"读取全站仪数据"项,根据不同型号的仪器设置通讯参数。

(2)选择全站仪待传输的数据文件名与输入并转换后保存的 CASS 坐标文件的路径和文件名,点"转换",即将输入的全站仪数据文件格式转换为 CASS 坐标文件格式。

3. 展点

在数据格式的编辑完成后,打开 CASS 软件,在主菜单中点击"绘图处理",在其子菜单中点击"展野外测点点号",找到 CASS 坐标文件展点即可。但展上去的为测点点位。用同种方法,在其子菜单中找到"展高程点",把点的高程也展上。

4. 连线

点位展到图上以后,即可根据外业草图用 CASS 工具和符号把相邻的点位连接起来,把测区地物、地貌如实地反映出来。

5. 展绘控制点

根据 CASS 软件中的各级控制点符号,将测区各级控制点展绘到 CASS 图形中。

六、注意事项

(1)测图过程中,碎部点一定要选择特征点。

(2)在 CASS 操作过程中应不断存盘,以防操作不慎导致数据丢失。

(3)当一个命令未执行完时,最好不要执行另一个命令,若需强行终止,可按键盘左上角的"Esc"键。

(4)有些命令有多种执行途径,可灵活选用快捷工具栏、下拉菜单或在命令区输入。

七、思考题

(1)数字测图外业工作包括哪些内容?

(2)如何进行全站仪向计算机传输数据?

(3)全站仪数据文件和 CASS 数据文件的格式有何不同?

实验报告

日期： 班级： 组别： 姓名： 学号：

实验名称	
实验目的	
实验器具	
实验场地布置草图	
实验的主要步骤	
实验心得	

第三部分

专业测量实验指导

ZHUANYE CELIANG SHIYAN ZHIDAO

实验一　点的平面位置测设

一、实验目的

掌握用极坐标法测设点平面位置的方法。

二、实验器具

每组借领 DJ$_6$ 经纬仪 1 台,脚架 1 个,钢尺 1 把,标杆 1 根,记录板 1 块,斧头 1 把,木桩 4 个,测钎 2 根。

三、实验内容

如图 3-1 所示,地面上有两个控制点 A、B,设 A、B 点的坐标为:

$$x_A = 100.000 \text{ m} \qquad y_A = 100.000 \text{ m}$$
$$x_B = 100.000 \text{ m} \qquad y_B = 150.000 \text{ m}$$

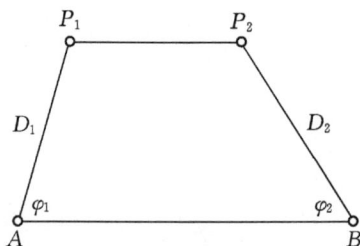

图 3-1　极坐标法测设点位

设计建筑物的某轴线点 P_1、P_2 的坐标如下:

$$x_1 = 108.360 \text{ m} \qquad y_1 = 105.240 \text{ m}$$
$$x_2 = 108.360 \text{ m} \qquad y_2 = 125.240 m$$

试在地面上标定出 P_1、P_2。

四、安排时数

课内 1 学时(内业计算和外业测设各 0.5 学时)。

五、实验步骤

1. 测设（放样）数据的计算

按照下列公式计算测设数据：φ_1、φ_2、D_1、D_2。

$$\varphi_1 = \alpha_{AB} - \alpha_{AP_1} = \arctan\frac{y_B - y_A}{x_B - x_A} - \arctan\frac{y_{P_1} - y_A}{x_{P_1} - x_A} \qquad (3-1)$$

$$\varphi_2 = \alpha_{BP_2} - \alpha_{BA} = \arctan\frac{y_{P_2} - y_B}{x_{P_2} - x_B} - \arctan\frac{y_A - y_B}{x_A - x_B} \qquad (3-2)$$

$$D_1 = \sqrt{(x_A - x_{P_1})^2 + (y_A - y_{P_1})^2} \qquad (3-3)$$

$$D_2 = \sqrt{(x_B - x_{P_2})^2 + (y_B - y_{P_2})^2} \qquad (3-4)$$

2. 轴线点平面位置测设

(1)安置经纬仪于 A 点，瞄准 B 点，变换水平度盘位置使读数为 $0°00'00''$；逆时针旋转照准部，使水平度盘读数为 $(360° - \varphi_1)$，用测钎在地面标出该方向，在该方向上从 A 点量水平距离 D_1，打下木桩再重新用经纬仪标定方向和用钢尺量距，在木桩上定出 P_1 点。

(2)再安置经纬仪于 B 点，用类似方法测设 P_2 点(不同之处为瞄准 A 点后，照准部顺时针旋转 φ_2 角)。

(3)P_1、P_2 两点间水平距离可以根据两点设计坐标算得，然后用钢尺进行丈量，丈量值与理论值的差数不应大于 10 mm。

六、限差要求

水平角不大于 $40''$，水平距离的相对误差不大于 $1/5000$。

七、注意事项

(1)测设数据各人应独立计算，互相将计算结果进行校核，证明正确无误后再进行测设。

(2)轴线点的平面位置测设好以后应进行两点间的距离校核。

实验报告

日期：　　　　班级：　　　　组别：　　　　姓名：　　　　学号：

实验名称	
实验目的	
实验器具	
布置草图	
计算测设数据	
测设的主要步骤	
实验心得	

实验二　已知高程的测设

一、实验目的

练习高程的测设方法,掌握水准仪在测设中的操作步骤。

二、实验器具

每组借领水准仪 1 台,脚架 1 个,水准尺 1 对,记录板 1 块,斧 1 把,木桩 3 个,伞 1 把。

三、实验内容

如图 3-2 所示,设已知某拟建房屋的室内地坪的设计高程为 $H_设$,试在地面上标定出它的高程。

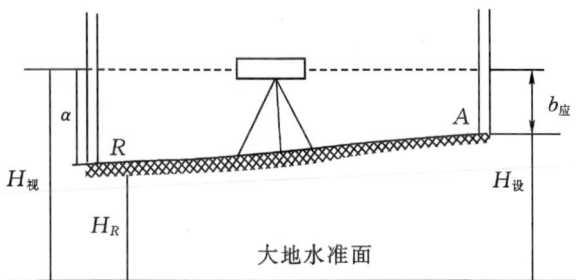

图 3-2　高程测设

四、安排时数

课内 1 学时。

五、实验步骤

(1)安置水准仪于水准点 R 和待测设高程点 A 之间(A 点处事先打入一木桩,木桩应尽可能高出地面);

(2)立水准尺于水准点 R 上;

(3)用水准仪后视 R 点上的水准尺,读得后视读数 a;

(4)计算前视应读数 $b_应 = H_视 - H_设$,式中 $H_视 = H_R + a$;

(5)立尺于前视点 A 上;

(6)用水准仪瞄准 A 尺,一面向下敲打木桩,一面试读尺上读数,直至读数恰为 $b_应$ 时为止,这时桩顶位于设计高程位置;当木桩无法再向下打时,可将尺子贴着木桩上下滑动,至 A 尺读数为 $b_应$ 时,沿尺底在桩上划一横线,则此横线即为设计高程位置。

六、限差要求

测设出的高程其误差不超过±3 mm。

七、注意事项

测设完毕要进行检测,测设误差超限时应重测,并做好记录。

实验报告

日期:　　　　班级:　　　　组别:　　　　姓名:　　　　学号:

实验名称	
实验目的	
实验器具	
布置草图	
计算测设数据	
测设主要步骤	
实验心得	

实验三 已知坡度线的测设

一、实验目的

练习测设道路、沟渠或广场的设计坡度线,作为施工的依据。

二、实验器具

每组借领水准仪 1 台,脚架 1 个,水准尺 1 对,木桩 8 根,斧 1 把,记录板 1 块。

三、实验内容

设地面有一点 A,高程为 H_A,现需由 A 点沿 AB 方向测设一条坡度为 $i = -1\%$ 的直线,并按需要每 10 m 钉一木桩。

四、安排时数

课内 1 学时。

五、实验步骤

(1)起点 A 的坡度线高程是根据具体情况设计一适宜的高程,其它各点的坡度线高程皆按平距及坡度推算,即:$H = H_A + i \times D$。

(2)仪器安平以后,后视水准点得视线高程。

(3)在各点,视线高程-坡线高程=坡线读数。

(4)轻轻敲打木桩,使水准尺在桩顶的读数等于坡线读数,则桩顶已位于设计线上。否则,坡线读数-地面读数=填挖数,"+"为挖,"-"为填。

(5)如某点挖或填的很多,则不必将桩顶打到设计的坡线上,而是从桩顶到设计分米数。坡度线应挖或应填的数注明在桩上,且此数最好为一整数。

六、注意事项

(1)下水道高程计算至毫米,一般道路计算至厘米。

(2)路线较长时,应先测设路线上的主点,然后根据主点高程测设中间各点。

七、思考题

放样和测图有何区别和联系?

实验报告

日期：　　　　班级：　　　　组别：　　　　姓名：　　　　学号：

实验名称	
实验目的	
实验器具	
实验场地布置草图	
实验的主要步骤	
实验心得	

实验四　全站仪放样测量

一、实验目的

掌握全站仪测设点的三维坐标的方法。

二、实验器具

每组借领全站仪 1 台,脚架 1 个,反射棱镜 1 个,棱镜杆 1 个,2 m 小钢尺 1 把,测伞 1 把,记录板 1 块。

三、实验内容

控制点的已知坐标、待测设两点的设计坐标及有关测设点位图同第三部分实验一。

四、安排时数

课内 1 学时。

五、实验步骤

1. 安置全站仪

在测站 A 上安置全站仪,对中、整平,量仪器高 i,在放样点大致位置树立棱镜杆。

2. 开机自检

打开电源,进入仪器自检。

3. 坐标测设

在放样模式下,通过键盘输入三维坐标测设点的位置和高程。

(1)进入放样模式,按提示,由键盘直接键入后视点的坐标(x_B,y_B),回车确认,再照准后视点 B,设置后视方向(也可在测角模式下照准后视点),按【置盘】键,将水平度盘读数设置为后视方位角。

(2)进入放样模式,由键盘直接输入测站点的三维坐标(x_0,y_0,H_0)和仪器高 i,回车确认。

(3)由键盘输入放样点的三维坐标(x,y,H)和棱镜高 v,回车确认。

(4)转动照准部照准棱镜中心,按【测量】键,根据显示屏显示的角差 dHR＝实测角值 β' －所需角值 β,左右移动标杆,直至显示的 dHR 为 0,即得所测设坐标的方向;根据显示屏显示的距离差 dHD＝实测距离 D' －所需距离 D,前后移动棱镜杆,直至显示的距离差为 0,即得所测设坐标的距离;根据显示屏显示的高差差值 dZ＝实测高差 h' －所需高差 h,上下改变棱镜高度直至显示的 dZ 为 0,即得所测设坐标点的高程。也可将 dZ 值记录下来,dZ 为正值表示需下挖,dZ 为负值,表示需上填。

(5)重复步骤(3),(4)予以检核。

(6)依次重复上述步骤,逐一测设 P_1、P_2 两点位。

六、注意事项

(1)使用全站仪时必须严格遵守操作规程,爱护仪器。

(2)仪器对中完成后,应检查连接螺旋是否使仪器与脚架牢固连接,以防仪器摔落。

(3)在阳光下使用全站仪测量时,一定要撑伞遮掩仪器,严禁用望远镜正对阳光。

(4)当电池电量不足时,应立即结束操作,更换电池。在装卸电池时,必须先关闭电源。

(5)迁站时,即使距离很近,也必须取下全站仪装箱搬运,并注意防震。

实验报告

日期：　　　　班级：　　　　组别：　　　　姓名：　　　　学号：

实验名称	
实验目的	
实验器具	
实验场地布置草图	
实验的主要步骤	
实验心得	

实验五　中平测量

一、实验目的

(1)熟悉中平测量的方法。
(2)用附合水准测量方法测出中桩高程。

二、实验器具

每组借领水准仪 1 台,脚架 1 个,水准尺 1 对,木桩 8 根,斧 1 把,测钎 1 根,钢尺 1 把。

三、实验内容

在相邻的两个水准点长约 500 m 左右起伏路段进行测量,确定各中桩的地面高程。

四、安排时数

课内 1 学时。

五、实验步骤

(1)中平测量采用普通水准测量的方法施测,以相邻两基平水准点为一测段,从一个水准点出发,逐个测量测段范围内所有路线中桩的地面高程,最后附合到下一个水准点上,如图 3-3 所示。

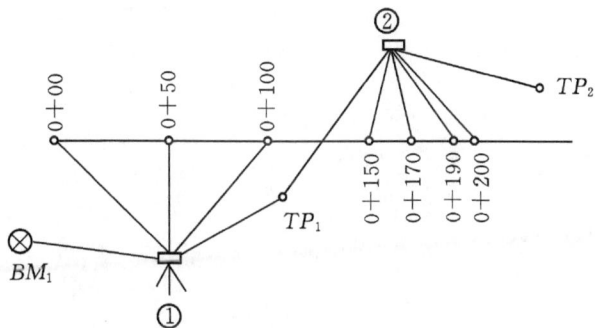

图 3-3　中桩中平测量

(2)中平测量时,每一测段除观测中桩外,还须设置传递高程的转点,转点位置应选在稳固的桩顶或坚石上,视距限制在 150 m 以内,相邻转点间的中桩称为中间点,中间点读数至厘米,立尺应紧靠桩边的地面上。

(3)中间点的地面高程以及前视点高程,一律按所属测站的视线高程进行计算。每一测站的计算公式如下:

$$视线高程 = 后视点高程 + 后视读数 \tag{3-5}$$
$$中桩高程 = 视线高程 - 中视读数 \tag{3-6}$$

$$转点高程 = 视线高程 - 前视读数 \qquad (3-7)$$

六、限差要求

一般取测段高差与两端基平水准点高差之差的限差为±50 mm,在容许范围内,即可进行中桩地面高程的计算。中桩地面高程复核之差不得超过±10 mm。布设附合水准路线,高差闭合差≤±40$\sqrt{L}$ mm(L 为附合路线长度,单位 km)。

七、注意事项

(1)在各中桩处立水准尺不能放在桩顶上,必须紧靠木桩放在地面上。

(2)前后转点读数至毫米,中间点读数至厘米。

(3)转点应选在坚实的地方,当选在地面上时应安置尺垫。

表 3 - 1 中平测量记录表

仪器型号：　　　　　　天气：　　　　　　观测者：

日　　期：　　　　　　成像：　　　　　　记录者：

测站	水准尺读数/m			视线高/m	中桩高程/m	备注
	后视 a	中视 k	前视 b			

实验报告

日期：　　　　班级：　　　　组别：　　　　姓名：　　　　学号：

实验名称	
实验目的	
实验器具	
实验场地布置草图	
实验的主要步骤	
实验心得	

实验六 圆曲线测设

一、实验目的

掌握偏角法测设圆曲线的方法。

二、实验器具

每组借领经纬仪 1 台,脚架 1 个,花杆 3 根,斧 1 把,测钎 1 根,木桩 8 个,钢尺 1 把,记录板 1 块,测伞 1 把。

三、实验内容

圆曲线主点和细部点的测设。

四、安排时数

课内 2 学时(若时间不够,则在课外抽时间继续做完)。

五、实验步骤

(1)在学院操场选定两条相交直线将经纬仪安置在交点上,测定其转折角 α,假定圆曲线半径 R。

(2)计算圆曲线元素切线长 T、曲线长 L、外矢距 E、切曲差 q。

(3)如图 3-4 所示,在交点 JD 上安置经纬仪,对中、整平,沿直线方向量取切线长 L 得 ZY(或 YZ)点。

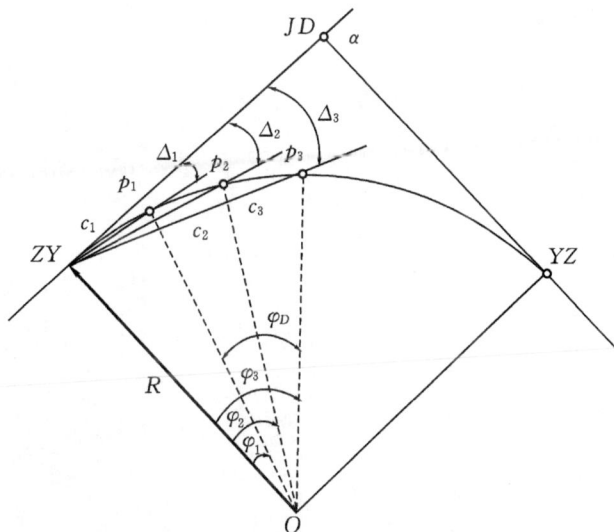

图 3-4 偏角法测设圆曲线

（4）按每 5 m 测设一个细部点，计算曲线上各点至 ZY 或 YZ 的弦线长 c_i 及其与切线的偏角 Δ_i。

（5）再分别架仪器于 ZY 或 YZ 点，拨角、量边。

六、限差要求

若纵向（沿线路方向）闭合差 f_x 小于 1/2000、横向（沿曲线半径方向）闭合差 f_y 小于 10 cm 时，可根据曲线上各点到 ZY（或 YZ）的距离，按长度比例进行分配。

七、注意事项

（1）计算时要两人独立进行，加强校核，以免弄错。

（2）宜以 QZ 为界将曲线分两部分进行测设，以减少误差累积。

表 3 - 2 偏角法各点要素计算表

仪器型号：   天气：   观测者：

日   期：   成像：   记录者：

点名	里程	曲线点间距	偏角	备注

实验报告

日期：　　　　班级：　　　　组别：　　　　姓名：　　　　学号：

实验名称	
实验目的	
实验器具	
测设圆曲线的草图	
测设数据的计算	
测设步骤	
实验心得	

实验七　道路横断面测量

一、实验目的

(1)熟悉相应规范对道路横断面测量的技术要求。

(2)掌握横断面测量的方法。

二、实验器具

每组借领水准仪 1 台,脚架 1 个,水准尺 1 对,标杆 2 根,皮尺 1 把,记录板 1 块。

三、实验内容

测定指定道路的横断面图,每 50 m 测一个,断面宽度为中线两侧 20 m。

四、安排时数

课内 2 学时。

五、实验步骤

1. 确定横断面方向

用方向架或经纬仪确定横断面方向。

2. 横断面测量

如图 3-5 所示,安置好水准仪,以中桩为后视,以横断面方向上各变坡点为前视,测得各变坡点高程。用皮尺丈量横断面上各变坡点至中桩的距离。

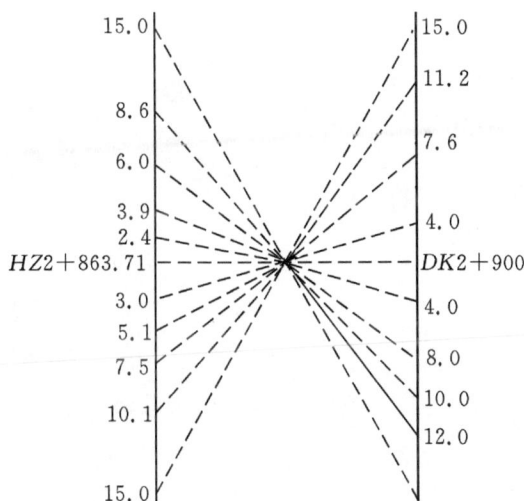

图 3-5　水准仪测量横断面

3. 横断面图的绘制

横断面图一般是绘制在毫米方格纸上。为了便于计算面积和设计路基断面,其水平距离和高程采用同一比例尺,通常为 1∶200 或 1∶100。绘图时,先将中桩位置标出,然后依比例尺绘出左右两侧变坡点,用直线连接相邻变坡点,即得横断面图。

表 3 - 3　道路横断面测量计算表

仪器型号：　　　　　　　　天气：　　　　　　　　观测者：

日　　期：　　　　　　　　成像：　　　　　　　　记录者：

中桩号	左侧		右侧	
	距离	高程	距离	高程

实验报告

日期： 班级： 组别： 姓名： 学号：

实验名称	
实验目的	
实验器具	
实验场地布置草图	
实验的主要步骤	
实验心得	

第四部分

测量综合实训指导

CELIANGZONGHESHIXUNZHIDAO

实训一　普通测量实训指导

一、实训目的

普通测量实训是以控制测量、碎部测量及视距测量为主,绘制大比例尺地形图的综合性教学实训,是依据工程测量技术专业培养目标和课程标准指定的。通过实训培养学生理论联系实际分析问题和解决问题的能力以及实际动手能力。同时,也使学生在业务组织能力和实际工作能力方面得到锻炼,为今后从事测绘工作打下基础。

二、实训任务

(1)掌握7~8边形的闭合导线的小区域控制测量的外业观测方法和内业计算过程。
(2)了解大比例尺地形图1:500的测绘过程。

三、实训内容及时间安排

实训内容及时间安排见表4-1。

表4-1　实训内容及要求

序号	实训项目	实训内容	基本要求	时间安排
1	准备工作	实训动员、仪器工具的借领、仪器的检校	按规范要求进行仪器的检验与校正	1天
2	导线测量	选点、水平角测量、边长丈量	独立进行水平角观测和钢尺量距	4天
3	水准测量	施测闭合水准路线	独立进行四等水准测量的观测和记录	2天
4	内业处理	导线测量、水准测量的内业处理	计算得到点的坐标和高程	1.5天
5	碎部测量	经纬仪测绘法测地形图	独立进行外业观测和内业展绘	4天

序号	实训项目	实训内容	基本要求	时间安排
6	成果整理、撰写报告	整理外业观测数据资料,控制网的平差解算,整理实训报告	完成整理,实训报告内容齐全,书写认真	1 天
7	交还仪器	清点仪器,检查仪器	完好无损	0.5 天

四、实训器具

每组借领经纬仪 1 台、三脚架 2 个、水准仪 1 台、测钎 2 根,水准尺 1 对、测伞 1 把、记录板 1 块、工具包 1 只。

五、实训指导

小区域控制测量、测绘大比例尺地形图,首先应建立测图控制网作为测图的依据。在学校选择一条 7~8 边形的闭合导线,建立一个控制网,其观测步骤如下:

1. 踏勘选点、造标、埋石

(1)以班为单位由指导教师带领踏勘测区,了解测区情况及任务,领会建网的目的和意义。

(2)在老师指导下进行实地选点并建立标志,每组做一个点的点之记。

2. 导线边长测量

采用钢尺量距,每边往返丈量的误差要按小于 1/2000 的要求进行,精度合格后取往返丈量的平均值作为该段的边长。

3. 观测水平角

(1)用经纬仪按两测回进行水平角观测,上、下半测回较差应小于 40″,取平均值作为该测回水平角值。两测回间较差应小于 24″,取平均值作为该水平角值。

(2)要尽可能照准测钎底部。

4. 导线测量精度要求

距离丈量:1/2000。

角度闭合差:$\pm 40\sqrt{n}('')$,n 为测站数。

导线全长相对闭合差:1/2000。

5. 闭合水准测量

(1)各边采用变换仪器高法进行水准测量。

(2)精度要求:

$$f_{h容} = \pm 40\sqrt{n}\ \text{mm} \quad \text{或} \quad f_{h容} = \pm 12\sqrt{L}\ \text{mm}$$

式中:$f_{h容}$——高差闭合差容许值(mm);

L——水准路线长度(km);

n——水准路线测站数。

6. 地形图的测绘

经纬仪测绘法测图参照本书第二部分实验十五。

六、注意事项

(1)选点时在地面上做出标记并编号,以防弄错。

(2)照准目标时,要用十字丝竖丝卡目标明显的地方,最好卡目标下部,上半测回卡什么部位,下半测回仍卡这个部位。

(3)测图时要保持图纸清洁,尽量少画无用线条。

七、上交资料

每组上交资料:学院地形图一份。

每人上交资料:

①钢尺量距表格一份;

②测回法观测水平角表格一份;

③水准测量观测数据记录表格和成果计算表格各一份;

④导线测量内业计算表格一份;

⑤实训报告一份。

表 4-2　距离丈量记录表

仪器型号：　　　　　　　　　天气：　　　　　　　　观测者：
日　　期：　　　　　　　　　成像：　　　　　　　　记录者：

测段	方向	整尺段/m	零尺段/m	总计/m	较差/m	精度	平均值/m	备注

表 4 - 3　水准测量观测数据记录表

仪器型号：　　　　　　天气：　　　　　　观测者：

日　　期：　　　　　　成像：　　　　　　记录者：

测站	点号	后视读数/m	前视读数/m	高差/m		平均高差/m	备注
				+	−		

表 4-4 水准测量成果计算表

测点	测站数（或距离）	实测高差/m	高差改正数/mm	改正后的高差/m	高程/m	备注
Σ						
辅助计算						

表 4-5 测回法观测水平角记录表

仪器型号：　　　　　　　　天气：　　　　　　　　观测者：

日　　期：　　　　　　　　成像：　　　　　　　　记录者：

测站	测回	目标	盘位	水平度盘读数	半测回角值	一测回角值	各测回平均角值	备注
1	2	3	4	5	6	7	8	9
	第一测回		左					
			右					
	第二测回		左					
			右					
	第一测回		左					
			右					
	第二测回		左					
			右					
	第一测回		左					
			右					
	第二测回		左					
			右					
	第一测回		左					
			右					
	第二测回		左					
			右					

表 4 - 6　闭合导线坐标计算表

点号	观测角 (° ′ ″)	改正数 /(″)	坐标方位角 /(° ′ ″)	边长 /m	坐标增量计算				x /m	y /m
					Δx /m	改正数 /mm	Δy /m	改正数 /mm		
1	2	3	4	5	6	7	8	9	10	11
Σ										
备注										

实训报告

日期： 班级： 组别： 姓名： 学号：

实训名称	
实训目的	
实训器具	
实训主要步骤	
实训心得	

实训二　道路工程测量实训指导

一、实训目的

道路工程测量学是一门实践性很强的技术基础课,其较强的实践性,决定了学生在掌握了扎实的专业理论知识外还必须具备较强的实际动手及操作能力。通过综合性的实习,加强理论联系实际,巩固和丰富课堂所学的基础理论知识,提高实际操作技能,进一步了解和掌握有关测量工作的基本程序,培养学生吃苦耐劳、克服困难、实事求是的工作作风和独立工作的能力。

二、实训任务

(1)圆曲线的主点及细部测设。
(2)竖曲线的细部测设。

三、实训内容与时间安排

表 4 - 7　实训内容与时间安排

序号	实训项目	实训内容	基本要求	时间按排
1	准备工作	实训动员、仪器工具的借领、仪器的检校	按规范要求进行仪器检校	1 天
2	测设圆曲线	计算圆曲线要素及测设数据	独立完成圆曲线测设数据的计算	1.5 天
		测设圆曲线主点	熟练地使用仪器测设出圆曲线主点	1 天
		测设圆曲线细部	掌握偏角法详细测设圆曲线	3 天
3	测设竖曲线	计算竖曲线要素及测设数据	独立完成竖曲线测设数据的计算	1.5 天
		测设竖曲线细部	掌握详细测设竖曲线的工作步骤	1 天 2 天
4	撰写报告	书写实训报告,准备上交	内容齐全,书写认真	1.5 天
5	交还仪器	清点仪器,检查仪器	仪器完好无损	0.5 天

四、实训器具

每组借领经纬仪 1 台、三脚架 2 个、测钎 1 根、钢尺 1 把、水准仪 1 台、水准尺 1 对、测伞 1 把、记录板 1 块、工具包 1 只。

五、实训指导

(一)圆曲线测设

1. 圆曲线主点的测设

(1)圆曲线主点标定要素的计算。

如图 4-1 所示,圆曲线的半径 R、线路转向角 α、切线长 T、曲线长 L、外矢距 E 及切曲差 q 等称为圆曲线的标定要素。其中 R 是已知的设计值,线路转向角 α 是在线路定测时测出的。其余要素可按下式计算:

$$\left.\begin{array}{l} T = R \cdot \tan \dfrac{\alpha}{2} \\[2mm] L = R \cdot \alpha \cdot \dfrac{\pi}{180°} \\[2mm] E = R \cdot \left(\sec \dfrac{\alpha}{2} - 1\right) \\[2mm] q = 2T - L \end{array}\right\} \qquad (4-1)$$

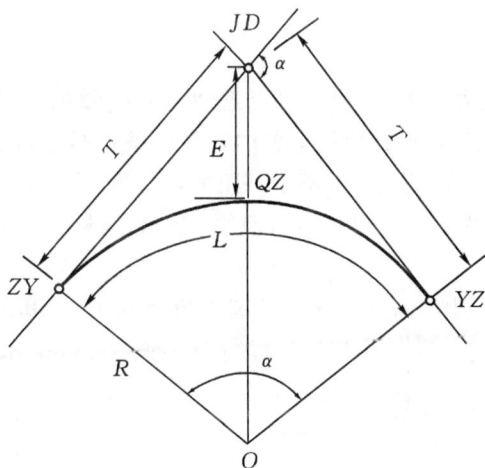

图 4-1 圆曲线的主点及标定要素

(2)主点的测设。

测设主点时,在转向点 JD 安置仪器,顺次瞄准两切线方向,沿切线方向丈量切线长 T,标定曲线的起点 ZY 和终点 YZ。然后再照准 ZY 点,测设 $(180°-\alpha)/2$ 角,得分角线方向 $JD-QZ$,沿此方向丈量外矢距 E,即得曲线中点 QZ。

2. 偏角法详细测设圆曲线

如图4-2所示,圆曲线的偏角指弦线和切线的夹角即弦切角,用δ_i表示。用偏角法测设圆曲线的实质是以方向和长度交会的方法获得放样点位。例如欲测设曲线上的一点i,在ZY点设站,瞄准交点JD,转动δ_i,再从$(i-1)$点量一规定长度C,长度与方向交会即得出i点。

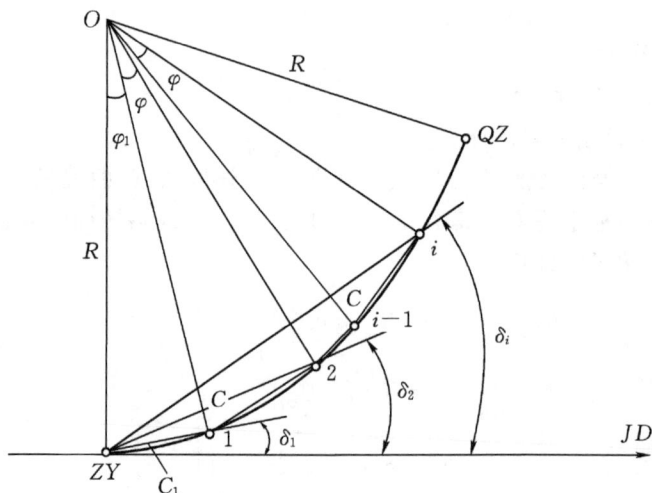

图4-2 偏角法测设圆曲线

(1)标定要素的计算。

由于圆曲线半径远远大于桩距,因此可以近似认为圆弧的弦长C等于弧长。在实际工作中,为了便于测量和施工,要求圆曲线上各曲线桩按整桩号法设置,但曲线的起点(ZY)和终点(YZ)及曲线中点(QZ)的里程常常不是桩距的整倍数,所以在曲线两端就会出现小于桩距的弦。例如ZY的里程为$DH3+12.345$,而第一个曲线桩的里程为$DH3+20.000$,于是C_1等于7.655 m。

设首末两端的弦长分别为C_1、C_n,对应的圆心角为φ_1、φ_n。其余的弦长为C,对应的圆心角为φ,则偏角分别为

$$\left.\begin{aligned}
\delta_1 &= \frac{\varphi_1}{2} = \frac{90° \cdot C_1}{\pi R} \\
\delta_2 &= \delta_1 + \frac{\varphi}{2} = \delta_1 + \delta \\
\delta_3 &= \delta_1 + 2 \cdot \frac{\varphi}{2} = \delta_1 + 2\delta \\
\cdots \\
\delta_i &= \delta_1 + (i-1) \cdot \frac{\varphi}{2} = \delta_1 + (i-1)\delta \\
\delta &= \frac{\varphi}{2} = \frac{90° \cdot C}{\pi R}
\end{aligned}\right\} \qquad (4-2)$$

（2）测设步骤

①ZY 点安置经纬仪，照准切线（JD），并使度盘读数为 0；

②拨偏角 δ_1，沿视线方向自 ZY 点起量取 C_1，得第 1 个曲线桩点位置；

③拨偏角 δ_2，从 1 点起量取 C，与视线相交得第 2 个曲线桩点位置；

④同法可测设出其余各点，一直测设到曲线中点（QZ），并与 QZ 校核；

⑤将仪器搬到曲线另一端 YZ 点，同样测设另一半曲线。

（二）竖曲线测设

1. 竖曲线测设元素

竖曲线的转角 $\omega = \Delta i = i_1 - i_2$，其中 i_1、i_2、…为相应坡度，当 $\omega < 0$ 时，为凹形竖曲线，$\omega > 0$ 时为凸形竖曲线。

曲线长

$$L = R\omega = R(i_1 - i_2) \tag{4-3}$$

切线长

$$T = \frac{1}{2}R(i_1 - i_2) \tag{4-4}$$

外距

$$E = \frac{T^2}{2R} \tag{4-5}$$

竖曲线上任一点距切线的纵距（亦称高程改正值）为

$$y = \frac{x^2}{2R} \tag{4-6}$$

2. 竖曲线测设的具体步骤

根据纵断面图上标注的里程及高程，以附近已知放样的某整桩为依据，向前或先向后测设各点的 x 值（即水平距离），并设置竖曲线桩。施工时，再根据已知的高程点进行曲线的测设。竖曲线测设的工作步骤如下：

（1）根据 Δ_i 和设计 R 计算竖曲线要素 T、L、E。

（2）推算竖曲线上各点的桩号。

（3）根据竖曲线上细部点距曲线起点（或终点）的弧长（$l_i = x_i$）计算相应的 y 值，然后，按下式推算各点的高程，即 $H_i = H_{坡} \pm y_i$。

（4）由变坡点附近的里程桩测设变坡点，自变坡点起沿线路前、后方向测设切线长度 T，分别得竖曲线的起点和终点。

（5）由竖曲线起点（或终点）开始，沿切线方向每隔 5 m 在地面标定一个木桩。

（6）观测各个细部点的地面高程。

（7）在细部点的木桩注明地面高程与竖曲线设计高程之差（即填、挖高度）。

六、注意事项

要爱护学校的测量仪器，精心使用，轻拿轻放，不准坐在仪器箱上，水准尺、钢尺不准在地面上拖动，水准仪、经纬仪用完，要把制动螺旋松开，然后放入仪器箱内。注意测量工具的保管,水准仪、经纬仪、测钎、钢尺等要有专人负责看管,如果丢失,责任人应负相应的赔偿。

七、上交资料

圆曲线、竖曲线的测设数据,测量实训报告等。

实训报告

日期：　　　　班级：　　　　组别：　　　　姓名：　　　　学号：

实训名称	
实训目的	
实训器具	
实训的主要步骤	
实训心得	

实训三　数字化成图实训指导

一、实训目的

(1)了解全站仪数字化测图的作业过程。

(2)掌握全站仪采集地面特征点坐标的方法。

(3)掌握大比例尺数字测图方法和数字成图软件的使用方法。

二、实训任务

完成校园数字化测图任务,每组测绘一幅1:1000数字地形图。

三、实训内容与时间安排

表4-8　实训内容与时间安排

序号	实训项目	实训内容	基本要求	时间按排
1	准备工作	实训动员、仪器工具的借领、熟悉仪器	按规定要求进行仪器检校	1天
2	首级控制测量	踏勘选点、静态GPS定位测量	能掌握选点要领,独立进行静态GPS观测	1天
3	小区域控制测量	水准测量	熟练掌握三等水准测量的观测程序	2天
		导线测量	能独立完成全站仪导线测量的整个过程	2天
4	碎部点的外业采集	全站仪操作及碎部点采集	熟练掌握全站仪的设置及外业观测程序	3天
5	数据传输及地形图绘制	数据传输及软件绘图	能进行野外数据的传输,熟悉内业处理过程	1天
6	撰写报告	书写实训报告,准备上交	内容齐全,书写认真	1.5天
7	交还仪器	清点仪器,检查仪器	仪器完好无损	0.5天

四、实训器具

每组借领全站仪1台、三脚架3个、水准仪1台、GPS接收机1套、棱镜2个,棱镜杆2根、水准尺1对、小钢尺1把、测伞1把、记录板1块、工具包1只。

五、实训指导

1. 首级控制测量

首级控制测量采用静态 GPS 施测，在施测过程中，基站和流动站应严格对中、整平，操作过程中应严格遵守操作规程，保证测量仪器绝对安全，应在实训老师的指导下进行。

2. 小区域控制测量

(1)选点。每个测量小组选出 12～15 个点，组成闭合导线。点与点之间的距离为 50～70 m，用油漆在地面上作出标记，并注以编号。

(2)水准测量。本次测量实训采用三等水准测量方法施测，记录方式和限差要求严格按照《三等水准测量记录表》的格式和要求来完成。

观测顺序：后—前—前—后。

即先读后尺黑面的上、下丝读数及中丝读数，再读前尺黑面的上、下丝读数及中丝读数，然后读前尺红面的中丝读数，最后读后尺红面的中丝读数。

高差中数取至 0.1 mm，高差闭合差的容许值：

$$f_{h容} = \pm 12\sqrt{L} \text{ mm} \quad \text{或} \quad f_{h容} = \pm 4\sqrt{n} \text{ mm}$$

式中，L——闭合水准路线总长度(km)；

n——闭合水准路线总测站数。

在三等水准测量的施测过程中，仪器至水准尺的距离最远不超过 65 m。

每个测段均应进行往返观测。

(3)导线测量。采用全站仪测量闭合导线的角度，按三级闭合导线的技术要求施测，每个角度测两个测回，如果上、下半测回的差值小于 24″，则取其平均值作为一测回的角度。

闭合导线的角度闭合差限差：

$$f_\beta = \pm 24''\sqrt{n}$$

其中，n 为多边形的边数。

如果各项数据不符合要求，或者观测和计算成果超出限差，要进行重新观测。每条边采用全站仪施测，往返测量。往返测量的相对误差 $K < 1/2000$。

(4)闭合导线的计算。闭合导线外业观测完成后，应进行内业计算。

3. 碎部点的外业采集

各组要在实训指导老师的安排和指导下，进行碎部点的采集。测量步骤如下：

(1)测站设置。在导线点上进行对中、整平后，要及时进行测站设置。包括输入测站点的坐标、后视点的坐标、测站高程、仪器高、觇标高、温度、气压、湿度等。

(2)碎部点的选取。碎部点应选在地物、地貌的特征点上。

(3)数据的采集、处理及保存。每个测站的数据采集结束后应及时保存，以防丢失。

4. 数据传输及地形图的内业处理

(1)数据成果传输。外业工作完成后，要及时利用全站仪通信传输软件将野外观测数据传输到电脑中，在传输过程中，要记住保存时所设置的工程名称，调出时一定要以相同的工程名称调出，避免出错。

(2)地形图的内业处理。将野外观测数据传输到电脑中后，采用 CASS7.0 软件进行地形图内业处理工作。

六、注意事项

(1)实训中,学生应遵守《测量实验实训须知》中"测量仪器工具借领"、"测量仪器工具的正确使用"的有关规定。

(2)实训期间,各组组长应负责合理安排小组工作。应使每一项工作都有小组成员轮流负责,使每人都有练习的机会,切不可单纯追求实训进度。

(3)使用全站仪时,要遵守《全站仪使用说明书》的有关规定。切不可将全站仪望远镜对准太阳,以免损坏光电元件。镜站必须有人看管,以保证棱镜的安全和正确的安置。

(4)观测数据必须直接记录在规定的手簿中,不得用其他纸张记录再行转抄。严禁擦拭、涂改数据。

(5)严格遵守实训纪律。未经指导教师同意,不得缺勤,不得私自外出,否则实训成绩以零分记。

七、上交资料

(1)每人上交一份实训报告。包括各项原始记录、闭合水准路线及闭合导线的内业处理、测量实训总结等。

(2)每组上交一幅 1:1000 的地形图。

表 4-9 三等水准测量观测记录表

仪器型号：　　　　　　天气：　　　　　　观测者：
日　期：　　　　　　成像：　　　　　　记录者：

测站编号	后尺 下丝 / 上丝 后距 / 视距差 d	前尺 下丝 / 上丝 前距 / ∑d	方向及尺号	标尺读数 基本分划	标尺读数 辅助分划	基+K 减辅	备注
	(1)	(4)	后	(3)	(8)	(14)	
	(2)	(5)	前	(6)	(7)	(13)	
	(9)	(10)	后-前	(15)	(16)	(17)	
	(11)	(12)	h			(18)	
							1号尺 $K_1=$ 4787
							2号尺 $K_2=$ 4687

表 4 - 10　控制点成果表

点名	坐标		高程/m	备注
	X/m	Y/m		

实训报告

日期： 班级： 组别： 姓名： 学号：

实训名称	
实训目的	
实训器具	
实训的主要步骤	
实训心得	

参考文献

[1]　宁永香. 工程测量[M]. 徐州:中国矿业大学出版社,2012.

[2]　潘松庆. 工程测量技术[M].2 版. 郑州:黄河水利出版社,2011.

[3]　潘松庆. 工程测量技术实训[M].2 版. 郑州:黄河水利出版社,2011.

[4]　李梅. 工程测量实验实训指导书[M]. 北京:中国人民大学出版社,2013.

[5]　高井祥. 数字测图原理与方法[M].2 版. 徐州:中国矿业大学出版社,2010.

[6]　国家测绘局. 测绘技术设计规定[S]. 北京:测绘出版社,2006.

[7]　国家技术监督局,中华人民共和国建设部. GB 50026—93 工程测量规范[S]. 北京:中国计划出版社,2001.